J. A. DIAS LOPES

SANDUÍCHE!

IMPOSSÍVEL RESISTIR A ESSA TENTAÇÃO

MELHORAMENTOS

Dados Internacionais de Catalogação na Publicação (CIP)
(Câmara Brasileira do Livro, SP, Brasil)

Lopes, J. A. Dias
Sanduíche! Impossível Resistir a essa Tentação / J. A. Dias Lopes. – São Paulo: Editora Melhoramentos, 2018.

ISBN 978-85-06-08309-3

1. Culinária (Sanduíches) 2. Curiosidades
3. Receitas culinárias I. Título.

18-14121 CDD-641.84

Índice para catálogo sistemático:
1. Sanduíches: Receitas culinárias 641.84

Obra conforme o Acordo Ortográfico da Língua Portuguesa

Projeto gráfico, diagramação e iconografia: **Ken Tanaka**
Produção de receitas: **Andréa González**
Fotografias: **Reinaldo Mandacaru**
Produção de fotografias: **Thais Mandacaru**
Capa: **Cheeseburger do Restaurante Madero**

1º edição, maio de 2018
ISBN: 978-85-06-08309-3

Atendimento ao consumidor:
Caixa Postal 729 – CEP 01031-970 – São Paulo – SP – Brasil
Tel.: (11) 3874-0880
sac@melhoramentos.com.br
www.editoramelhoramentos.com.br

Impresso no Brasil

Para meus irmãos Ruy Francisco e Paulo Sérgio,
pelos laços de família e companhia na viagem da vida.

GETTY IMAGES

ANTEPASTO

Como se pode comprovar pelo seu limitado número de receitas, o conteúdo deste livro é seletivo. Por quê? É impossível reduzir a quinze os melhores sanduíches do mundo. Há inúmeros e com grande qualidade em diferentes países. É por isso que os rankings internacionais, que hierarquizam os sanduíches, cometem tantas injustiças.

Os quinze melhores a que nos referimos neste livro, cujas receitas ensinamos e cujas histórias contamos, foram escolhidos segundo um critério pessoal. Não por acaso, os favoritos deste autor. Obviamente, faltaram receitas importantes, inclusive por razões editoriais, pois era necessário respeitar um limite numérico e de espaço.

Eis alguns dos sanduíches que ficaram de fora: o dinamarquês Smørrebrød; o mexicano Cemita; o indiano Vada Pav; o alemão Fischbrötchen; o chileno Chacarero; e o carioca Pernil com Abacaxi, do Cervantes Bar e Restaurante.

Rita Hayworth, a famosa atriz de Hollywood, come sanduíche na praia em 1941.

Assumimos a responsabilidade pelas omissões, com a certeza de que os leitores nos entenderão. Talvez até esqueçam os sanduíches ausentes, depois da primeira dentada em uma das maravilhas deste livro.

O Autor

SUMÁRIO

RECEITAS E SUAS HISTÓRIAS

INFIRMARY

O PAI DO SANDUÍCHE

A tradição garante que Lorde John Montagu (1718-1792), o 4° Conde de Sandwich, Inglaterra, foi a primeira pessoa do mundo a intercalar um recheio entre duas fatias de pão, recheio que atualmente pode ser de rosbife, presunto, mortadela, salame, queijo, ovo ou qualquer outro ingrediente apetitoso. Conta-se que foi mais ou menos deste jeito que o nobre britânico inventou o lanche mais polivalente e difundido do mundo. Seus conterrâneos o chamam de "pai do sanduíche". A versão desse feito é cheia de detalhes; porém, nunca foi amplamente comprovada.

Eis uma daquelas situações nas quais se pode aplicar a frase clássica do filme *O Homem que Matou o Facínora*, faroeste dirigido por John Ford (1894-1973) lançado em 1962: "Quando a lenda antecede os fatos, publique-se a lenda!". A Inglaterra, terra natal do Conde de Sandwich, festeja em 2018 o tricentenário do nascimento desse seu filho, relembrando sua suposta primazia.

O Conde de Sandwich ocupou altos postos oficiais. Foi Secretário de Estado e Primeiro Lorde do Almirantado da Marinha Real Britânica, em cuja função cometeu um erro militar. Temendo o ataque da França, reteve a armada britânica na Inglaterra, deixando de enviá-la à América do Norte para combater os revolucionários de George Washington (1732-1799), que, a 4 de julho de 1776, proclamaram a independência dos Estados Unidos.

O título de conde referia-se à pequena localidade histórica de Sandwich, não muito distante de Londres, no sudeste do país, berço da sua família. Atualmente é considerada uma das cidadezinhas medievais mais preservadas da Inglaterra. As Ilhas Sandwich, no meio do Oceano Pacífico (agora Havaí, 50° estado dos EUA) e as Ilhas Sandwich do Sul, no Atlântico, a sudeste da América do Sul (território ultramarino britânico) foram batizadas com seu sobrenome pelo explorador e cartógrafo inglês James Cook (1728-1779).

Lorde Montagu: para muitos o primeiro a intercalar um recheio entre duas fatias de pão no século XVIII.

Um vício incontrolável do Conde de Sandwich era o whist, jogo de cartas de duas duplas, com parceiros frente a frente, considerado ancestral ao bridge, muito popular na Inglaterra entre os séculos XVIII e XIX. No ano de 1762, em Londres, pouco antes da meia-noite, estando há várias horas sem abandonar o carteado e levantando-se apenas para ir ao banheiro e esticar as pernas, bateu-lhe a fome. Perdia cinquenta libras, uma fortuna para a época, e decidiu que só iria para casa depois de recuperar o dinheiro. Então, pediu ao criado que o acompanhava alguma coisa para comer.

O empregado voltou da cozinha com um pão e uma porção de rosbife frio. Lorde Sandwich desviou os olhos rapidamente da mesa de jogo. Sem se levantar da cadeira, ordenou ao criado que abrisse o pão ao meio, cortasse algumas fatias do rosbife e colocasse dentro. Sem a menor formalidade, algo incomum em um aristocrata britânico, esticou o braço, pegou o lanche com a mão e começou a mordê-lo. Ao raiar do dia voltou para casa, pois a sorte finalmente o favorecera. Mesmo assim, tinha no bolso apenas cinco libras. Tinha passado 24 horas no carteado.

A novidade entusiasmou os outros jogadores de cartas que passaram a pedir o lanche pelo nome do parceiro. A palavra "sanduíche" apareceu ainda em 1762, escrita no diário do historiador Edward Gibbon (1737-1794), autor de *A História do Declínio e Queda do Império Romano* (Companhia das Letras, São Paulo, 2003), até hoje referência na área: "Jantei no Cocoa Tree (...). Vinte ou trinta (...) dos principais homens de negócio do reino (...) comendo um pedaço de carne fria, ou um sanduíche". Assimilado por diferentes línguas, o nome do lanche espalhou-se pelo mundo, obviamente com exceções.

Os italianos, por exemplo, preferem chamar o sanduíche de *tramezzino* (leva pão de forma sem casca) ou panino (feito com diferentes pães). Acreditam que a especialidade tem origem milenar. Nada mais elementar do que rechear um pão com qualquer alimento para saboreá-lo, observam.

Diferentes povos teriam criado o sanduíche ao mesmo tempo, a começar pelos romanos. Prova dessa antiguidade seria a designação de uma rua na atual capital da Itália. Na Roma Antiga, o bairro no qual funcionavam as casas de prostituição era atravessado pela Via Panisperna, nome que em latim significa "pão e presunto".

Os ingleses e os norte-americanos, em particular, turbinaram o sanduíche britânico. Incorporaram-no à sua dieta e apaixonaram-se por ele. Contribuíram para o seu sucesso internacional com a invenção de dois ícones da família: o cachorro-quente e o hambúrguer, ambos símbolos contemporâneos do "American way of life", junto com o fast-food, o McDonald's, o Big Mac, a Coca-Cola, a Apple, o iPhone, a Nike, os cowboys, o Superman, a Starbucks etc.

Nos tempos atuais, a paixão pelo sanduíche não é mais exclusividade dos norte-americanos. Embora a especialidade seja às vezes apontada como vilã da dieta e sinônimo de um estilo estressante de comer rápido, virou objeto de desejo e de prazer gustativo para milhões de pessoas em torno do planeta. Todos os países desenvolveram pelo menos uma receita consagrada de sanduíche. No Brasil, há o bauru e o beirute, criados em São Paulo, mas a lista nacional é numerosa.

Um consenso entre os historiadores gastronômicos é que o conde inglês não inventou o sanduíche, apenas lhe deu o nome. Batizando-o, porém, já fez bastante. Versátil e prática, a especialidade passou a ser consumida originalmente entre os ingleses nas viagens, tavernas, piqueniques, plateias esportivas e artísticas, bailes e festas, sobretudo naquelas situações em que as pessoas ficavam em pé. No resto do mundo aconteceu algo parecido.

Entre os norte-americanos, conquistou as cidades na explosão do desenvolvimento urbano, comercial e industrial, quando as pessoas não podiam mais voltar para casa e almoçar no meio do expediente de trabalho. Tornou-se lanche do meio-dia ou de qualquer hora na qual fosse necessário comer rapidamente, sem a necessidade do uso de talher. Portanto, desde que o conde inglês o saboreou pela primeira vez, permanece como uma comida informal. "Em festa que tem caviar não se leva sanduíche", diz o provérbio. É isso mesmo.

SANDUÍCHE INGLÊS

RENDE 4 A 5 SANDUÍCHES

INGREDIENTES

PALETA DE CORDEIRO

- 1 paleta de cordeiro de aproximadamente 1,2 kg (com osso)
- 3 xícaras (chá) de vinho branco seco
- 200 g de cebola em rodelas finas
- 100 g de cenoura em rodelas
- 40 g de salsão em rodelas
- 1 colher (sopa) de alecrim fresco bem picado
- 1 colher (chá) de tomilho fresco bem picado
- 1 colher (sopa) de sal
- 180 g de tomate pelado
- Pimenta-do-reino moída na hora a gosto

RAGU E MONTAGEM DO SANDUÍCHE

- 1 colher (sopa) de mostarda Dijon
- 300 g de cogumelos portobello fatiados (na falta use champignon-de-paris)
- 1 colher (sopa) de azeite de oliva para refogar os cogumelos
- 1 colher (sopa) de salsinha picada
- 2 cebolas roxas em rodelas com cerca de 1 dedo de espessura
- Azeite de oliva para pincelar a frigideira
- 4 a 5 pães do tipo português ou italiano, redondos, do tamanho de um pão de hambúrguer
- Manteiga para passar nos pães
- 120 g de queijo feta cortado em fatias finas
- Folhas de rúcula a gosto
- Sal e pimenta-do-reino moída na hora a gosto

PREPARO

PALETA DE CORDEIRO

1. Na véspera, coloque a paleta para marinar, dentro de um saco plástico, com os demais ingredientes (exceto o tomate pelado). Feche bem o saco, tirando o máximo de ar e reserve na geladeira até o dia seguinte.

2. Retire os legumes e as ervas do saco e passe-os para o fundo de uma assadeira. Incorpore os tomates pelados e, por cima, disponha o cordeiro. Reserve o líquido da marinada.

3. Asse em forno bem quente, preaquecido a 240 °C (forno alto), por cerca de 5 minutos. Retire, diminua o forno para 140 °C (forno baixo) e reforce o tempero da paleta com sal e pimenta, se necessário. Junte duas xícaras do líquido da marinada que estava reservado, cubra com folha de alumínio e retorne ao forno por 1 hora. Se precisar, pingue um pouco de água durante o cozimento.

4. Depois, vire a paleta, regue com o líquido da assadeira, cubra novamente com a folha de alumínio e feche bem para que o vapor do cozimento não se disperse. Retorne ao forno por mais 1 hora, quando a carne já deverá estar macia, descolando do osso. Retire da assadeira e reserve.

RAGU E MONTAGEM DO SANDUÍCHE

5. Leve a assadeira ao fogo alto, com a mostarda Dijon, por uns 2 minutos, mexendo sempre, até engrossar um pouco. Se estiver seco, coloque mais um pouco do líquido da marinada (ou um pouco de água). Retire do fogo e bata esse molho num processador.

6. Desfie o cordeiro e misture-o ao molho até obter um ragu bem úmido, mas não encharcado.

7. Refogue os cogumelos no azeite, com uma pitada de sal, até o líquido evaporar e ficarem dourados. Misture a salsinha.

8. Em uma frigideira antiaderente já aquecida, pincelada com azeite, grelhe as cebolas, virando-as apenas uma vez, para as rodelas ficarem inteiras, macias e douradas.

9. Corte os pães ao meio, passe um pouco de manteiga e leve-os ao forno até dourarem. Monte os sanduíches, colocando dentro o ragu de cordeiro, a cebola roxa, os cogumelos e as fatias de queijo feta. Finalize com as folhas de rúcula.

Receita do chef André de Luca, de São Paulo, SP

WIKIMEDIA COMMONS/JERRY KUPCINET

O SANDUÍCHE DE ALLEN

O cineasta, roteirista, escritor, ator e músico norte-americano Woody Allen, nascido em 1935 com o nome de Allan Stewart Königsberg, é um sujeito controvertido na vida privada. Foi acusado de abuso sexual pela filha adotiva, hoje adulta. O abuso teria ocorrido quando ela tinha 7 anos. Mas os promotores não levaram o caso adiante. Allen sempre negou a acusação, classificando-a de forjada por sua ex-companheira de mais de uma década, Mia Farrow, atriz de vários de seus filmes e mãe adotiva da denunciante.

No cinema, porém, Allen é um gênio. Seus filmes combinam humor, psicanálise, culpa, sexo e fenômenos subjacentes ou explícitos no mundo moderno. Às vezes ele vira ator, representando o personagem que desenvolveu: um intelectual, neurótico, inquieto e inseguro, de personalidade oposta à sua na vida real. Allen foi indicado 23 vezes ao Oscar e ganhou quatro, sendo três por Melhor Roteiro Original e um como Melhor Diretor. Recebeu mais indicações ao Oscar de roteiro do que qualquer outro colega.

O falecido crítico cinematográfico Roger Ebert (1942-2013), originalmente do diário *Chicago Sun-Times*, cujos textos eram republicados em mais de 200 jornais dos Estados Unidos e do mundo, chamou-o de "um tesouro do cinema". Allen também se apresenta como um clarinetista de jazz em locais pequenos em Manhattan. Ele adora música.

Woody Allen: homenageado com um sanduíche de pastrami, em Nova York.

Uma "tara" inquestionável de Allen, é o sanduíche. Até ganhou um em sua homenagem. Trata-se do Sanduíche Woody Allen, criado pela delikatessen e restaurante Carnegie Deli, de Nova York: uma combinação de várias lâminas de pastrami, com três tipos de mostarda, servida com pepino em conserva. O pão costuma ser rústico ou de centeio. Ele esteve lá, comeu e aprovou.

O pastrami é uma carne bovina magra, curada em salmoura e condimentada com páprica, pimenta, cominho, zimbro, alho e algumas vezes defumada; a seguir, pode ser assado lentamente em forno baixo para ficar se desmanchando. Popularizou-se bastante nos Estados Unidos, tornando-se particularmente apreciado pelos judeus, como Allen, que por motivos religiosos não devem comer carne de porco. Portanto, consomem pastrami no lugar do presunto suíno.

Em 1966, ele escreveu para a revista norte-americana *The New Yorker* um conto antológico sobre a origem do sanduíche. Intitulou-o "Yes, but can the steam engine do this?" ("Sim, mas o motor a vapor pode fazer isso?"). O texto divertido narra, meio sem pé nem cabeça, como aconteceu a invenção da especialidade e fala do seu alegado autor Lord Sandwich. O conto foi publicado no Brasil no livro *Cuca Fundida* (L&PM Editores, Porto Alegre, 1977), com o nome de "A história de uma grande invenção". Eis três dos seus parágrafos:

> "Era uma simples notinha, com um daqueles títulos como 'Acredite se quiser' ou 'Você sabia que', mas sua magnitude me arrebatou com a grandeza dos primeiros acordes da Nona de Beethoven. Dizia: 'O sanduíche foi inventado pelo Lord Sandwich'. Abismado por essa revelação, li e reli o tópico e fui até acometido de involuntário tremor.
>
> Minha mente rodopiava, tentando imaginar os sonhos, esperanças e obstáculos que devem ter enriquecido a invenção do primeiro sanduíche. Olhei pela janela e, ao contemplar as torres dos arranha-céus, senti meus olhos umedecidos ao experimentar uma sensação de eternidade,

definitivamente convencido do insubstituível lugar do homem no Universo. O homem – que inventor! Os rascunhos de Da Vinci avultaram à minha frente, esboços das mais altas aspirações da raça humana. Pensei em Aristóteles, Dante, Shakespeare. O Primeiro Fólio. Newton. *O Messias* de Handel. Monet. O impressionismo. Edison. O cubismo. Stravinsky. $E = mc^2$...

Tentando gravar uma imagem mental do primeiro sanduíche avaramente conservado numa geladeira no British Museum, passei os três meses seguintes escrevendo uma breve biografia do seu grande inventor. Embora meus conhecimentos de história sejam um pouco precários e minha capacidade descritiva ainda mais mambembe, espero ter capturado ao menos a essência desse gênio tão esquecido, e que essas notas esparsas inspirem um verdadeiro historiador a retomar o meu trabalho".

Segue-se um cronograma satírico do suposto feito de Lorde Sandwich. Aliás, a afeição gastronômica do genial cineasta, roteirista, escritor, ator e músico norte-americano também inspirou o livro *Woody Allen makes a scary sandwich* ("Woody Allen faz um sanduíche assustador"), escrito por Karen S. Cole e lançado em 2015 pela Editora CreateSpace, de Nova York. Reúne textos curtos, muitos inspirados pelas obras de Allen, de quem a autora tornou-se amiga.

Curiosamente, ele fala pouco em comida nos filmes. Em sua obra, com mais de 50 títulos, dois exemplos destacam-se. O primeiro está no filme número um assinado por Allen, sendo uma curiosa brincadeira. O grande cineasta pega um filme de ação e espionagem japonês, reescreve todas as falas em inglês, e chama atores para dublar tudo, transformando-o numa comédia escrachada totalmente nonsense.

A trama de *O que Há, Tigresa?*, de 1966, diz tudo: no Japão, o agente secreto Phil Moscowitz, vivido por Tatsuya Mihashi (1923-2004), recebe a missão de encontrar uma valiosa receita de salada de ovos roubada! E existe a hilariante cena da lagosta em *Noivo Neurótico, Noiva Nervosa*, filme no qual Alvy Singer (interpretado por Woody Allen), um humorista judeu e divorciado, que faz análise há quinze anos, apaixona-se por Annie Hall (Diane Keaton), uma cantora em início de carreira com uma cabeça meio complicada.

Essa trama, uma das obras-primas do diretor, foi vencedora de quatro Oscar – filme, direção, roteiro e atriz. Os dois vão morar juntos, mas depois de um tempo iniciam-se as crises conjugais. Na cena impagável, vemos um assustado Allen duelando com lagostas o que leva Diane Keaton às gargalhadas.

Quanto ao conto divertido sobre a invenção do sanduíche, publicado na revista *The New Yorker* e no livro *Cuca Fundida*, ele pode ter conteúdo imaginoso, mas é rigorosamente autêntico no sentido de que Allen, como quase todo nova-iorquino, aprecia bastante esse emblema internacional do fast-food. O mesmo acontecia com sua conterrânea Rita Hayworth (1918-1987), a bela, sedutora e provocante atriz do filme *Gilda*, de 1946, dirigido por Charles Vidor. Ela também nasceu em Nova York e adorava sanduíche. Qual a relação principal com Allen? O autor do conto *A História de Uma Grande Invenção* já declarou que a considera uma das mulheres mais sensuais da história de Hollywood. Há uma linda foto de 1941, tirada por Bob Landry, fotógrafo da revista LIFE, na qual Rita se encontra sentada em uma praia, comendo um sanduíche. Veste um maiô duas peças, ousadíssimo na época, e exibe seu corpo escultural. Só pode ser pelo sanduíche que Allen a admira...

Woody Allen na cena impagável de *Noivo Neurótico, Noiva Nervosa*, duelo com lagostas.

DIVULGAÇÃO/MGM

WOODY ALLEN

RENDE 1 SANDUÍCHE

INGREDIENTES

- 2 fatias de pão rústico ou de centeio
- 300 g de pastrami fatiado
- 20 g de molho de mostarda (misture uma parte de mostarda amarela americana com uma parte de mostarda Dijon em grãos e duas partes de mostarda Dijon cremosa)
- 80 g de pepino em conserva

PREPARO

1. Esquente as fatias de pão em uma frigideira.
2. Sobre uma das fatias, disponha o pastrami.
3. Passe o molho de mostarda apenas em um dos lados da segunda fatia de pão.
4. Feche o sanduíche, de maneira que a mostarda fique em contato com a carne.
5. Corte o sanduíche ao meio e sirva com o pepino em conserva ao lado.

Receita do chef Julio Raw, de São Paulo, SP

REPRODUÇÃO / ACERVO DO AUTOR

BAURU

Os atuais frequentadores do Ponto Chic, no Largo do Paissandu, um bar popular no centro de São Paulo, não fazem ideia do luxo que a casa ostentava ao ser aberta em 1922, no mesmo ano da Semana de Arte Moderna. Embora os sanduíches continuem ótimos, a elegância do lugar sofreu arranhões com o tempo. Funcionando no térreo de um prédio de três andares, o Ponto Chic original tinha balcão e mesas em mármore de Carrara, azulejos e cristais também importados.

A clientela era constituída de homens vestidos de terno, gravata, chapéu e sapatos reluzentes. As mulheres "de família" não apareciam, apenas as "francesas" regidas pela cafetina Madame Fifi e encarapitadas no prédio. Às vezes entravam no salão enfurecidas para cobrar clientes esquecidos de pagar o dinheiro negociado pelo relacionamento de instantes atrás.

O lugar era tão chique que acabou sendo batizado de Ponto Chic. A clientela ia ao bar do Largo Paissandu para discutir política, arte, economia e esportes ou entabular negócios e mesmo contratar jogadores de futebol. Odílio Cecchini, o dono, integrava a diretoria do Palestra Itália, e os torcedores do antigo Palmeiras recebiam tratamento diferenciado. A casa foi obrigada a fechar em 1977, por uma ação de despejo, pois estava em prédio alugado.

Casimiro Pinto Neto, o Bauru, com suas filhas. Ele ajudou a criar e a batizar com seu apelido, o sanduíche mais popular do Brasil.

O proprietário do Ponto Chic morreu pouco depois. Entretanto, um ex-funcionário de Cecchini, seu braço direito, Antônio Alves de Souza, adquiriu o direito de reabrir o Ponto Chic no bairro de Perdizes, em 1978. Dois anos depois, o estabelecimento voltou a funcionar no Largo Paissandu. Até hoje os dois endereços pertencem aos Alves de Souza, assim como as filiais do Paraíso e de Moema.

A fama do bar, porém, que sobreviveu anos a fio no coração de São Paulo, suportando a decomposição urbanística da região e as mudanças nas modas de comer e beber na cidade, deve-se a um sanduíche inventado ali: o Bauru. A receita manda tirar parte do miolo de um pãozinho francês e rechear com cinco lâminas de rosbife, duas rodelas de tomate, outras duas de pepino curtido no vinagre e porções iguais de três queijos (prato, suíço e estepe) amalgamados em água quente com manteiga. Essa é a fórmula verdadeira. Existem pelo menos seis variações, preparadas sobretudo fora de São Paulo. Muitas vezes, chamam de Bauru o pão recheado só de muçarela e filé mignon. Mas, pela falta de autenticidade, não poderiam usar seu nome.

O famoso sanduíche já foi consumido e aplaudido por personalidades brasileiras: os escritores Mário de Andrade, Oswald de Andrade e Anthony Bourdain (autor do best-seller *Cozinha Confidencial*); as pintoras Tarsila do Amaral e Anita Malfatti; os compositores Adoniran Barbosa e Paulo Vanzolini; os cantores Nelson Gonçalves e Sérgio Reis; os presidentes Jânio Quadros, Fernando Henrique Cardoso e Luiz Inácio Lula da Silva; os governadores Adhemar de Barros e Mário Covas; os treinadores de futebol Oswaldo Brandão e Telê Santana; a banda Titãs; e diferentes estrelas da música, artes em geral, literatura, política, economia e esporte.

O Ponto Chic prepara outros dois sanduíches: o Rococó (rosbife, aliche, queijo gorgonzola, tomate e pepino) e o Seleto (rosbife, presunto, tomate, pepino e uma mistura de queijos fundidos). Nenhum se compara ao Bauru em história e excelência.

Sua criação teve como protagonista o radialista e tabelião Casimiro Pinto Neto, o Bauru, que ganhou esse apelido em São Paulo de tanto contar histórias da cidade homônima, onde nasceu em 1914, situada no interior do estado, a 320 quilômetros de distância da capital. Ele chegou à metrópole na adolescência, trabalhou na Rádio Record e a seguir na Rádio Panamericana.

Foi locutor e executivo em ambas as emissoras. Na Record, com sua voz encorpada e vibrante, apresentou o Repórter Esso, "a testemunha ocular da história", como anunciava o noticioso patrocinado pela Standard Oil of New Jersey. Milhões de brasileiros o ouviam diariamente. Ao ser lançada a televisão no Brasil, em 1952, Bauru também apresentou o Repórter Esso no vídeo. Advogado formado pela Faculdade de Direito da USP, no Largo de São Francisco, nos tempos da faculdade ele frequentava, com os colegas, o concorrido Ponto Chic.

Pouco tempo antes de morrer, em 1983, contou como surgiu o legendário sanduíche. Em 1937, tarde da noite, entrou faminto no Ponto Chic. A tradição acredita que vinha de uma mesa de jogo, seu vício. "Cheguei e falei diretamente ao sanduicheiro Carlos", recordou Bauru. "Eu lhe disse: 'abre um pão francês, tira o miolo e bota um pouco de queijo derretido dentro'. No momento em que ia fechar o sanduíche, interrompi: 'calma, falta um pouco de albumina e proteína nisso, põe umas fatias de rosbife'. Carlos ia terminando de novo, e eu tornei a falar: 'falta vitamina, bota aí umas fatias de tomate'." O pepino curtido no vinagre entrou depois, para dar à combinação de ingredientes um contrastante sabor acre. A tradição ainda supõe que Bauru estava influenciado pelos conceitos nutricionais divulgados por um livreto sobre a alimentação infantil, escrito por outro cliente do Ponto Chic, o médico e prefeito Wladimir de Toledo Piza (1905-1999).

Ele traçava o segundo sanduíche, quando apareceu seu amigo Antônio Boccini Júnior, o Quico. Também faminto, pediu-lhe um pedaço para provar. Gostou e encomendou um ao garçom Alex, um descendente de russos. "Me vê um desses do Bauru", ordenou-lhe Quico. Na mesma noite, outros clientes fizeram o mesmo. O nome pegou imediatamente. À cidade de Bauru, a criação do conterrâneo ilustre chegou em 1957, introduzida por José Francisco Júnior, cujo estabelecimento, o bar Skinão, tornou-se o seu principal centro de difusão.

A receita original do sanduíche foi oficializada pela Lei Municipal n. 4.314, de 24 de junho de 1998, aprovada pela câmara dos vereadores de Bauru. O Conselho Municipal de Turismo (Comtur) da terra natal do inventor criou um selo de certificação do Bauru. É concedido aos estabelecimentos "que o preparam segundo a receita tradicional, descrita e protegida por lei municipal". O primeiro, obviamente, contemplou o Ponto Chic do Largo Paissandu.

Espalhando-se pelo Brasil, o Bauru tornou-se um ícone nacional. Em número de preparações, só enfrenta a concorrência do Beirute, surgido em 1950 no restaurante árabe Bambi, de São Paulo. Mas é o Bauru que ocupa o degrau mais alto do pódio.

Mário de Andrade costumava saborear o Bauru junto com a geração da Semana de Arte Moderna de 1922.

BAURU

RENDE 1 SANDUÍCHE

INGREDIENTES

- 1 colher (café) de manteiga
- 1 fatia de queijo estepe
- 1 fatia de queijo prato
- 1 fatia de queijo suíço
- 1 pãozinho francês, de preferência um pouco maior que o normal, pesando entre 55 e 60 g
- 5 fatias finas de rosbife de lagarto, assado sem tempero
- 2 rodelas de tomate com casca
- 2 rodelas grandes de pepino em conserva
- Sal a gosto

PREPARO

1. No fundo de um frigideira, ou panela rasa, coloque um pouco de água. Junte a manteiga e leve ao fogo até a manteiga derreter.

2. Baixe o fogo e acrescente os três tipos de queijo, mexendo sempre, até obter uma pasta uniforme. Cuide para que não fiquem muito derretidos.

3. Corte o pão ao meio, no sentido do comprimento e retire um pouco do miolo.

4. Em uma das metades do pão, disponha as fatias de rosbife, polvilhando-as com um pouco de sal.

5. Em cima, coloque as rodelas de tomate, depois as de pepino. Finalmente, incorpore a pasta de queijo.

6. Feche o sanduíche com a outra metade do pão e sirva-o cortado ao meio, na diagonal.

Receita original do Ponto Chic, de São Paulo, SP

BEIRUTE

Desde que Lorde John Montagu teria tido a ideia de pedir um sanduíche, no século XVIII, enquanto jogava whist, a receita já mereceu inúmeras variações mundo afora. A tradição conta que pediu ao mordomo para abrir um pão ao meio, colocar sobre uma metade lâminas de rosbife, fechar com a outra e lhe entregar o produto final para comer, sem que precisasse levantar-se dali. O quarto Conde Sandwich – título nobiliárquico do qual se orgulhava – pode não ter inventado a especialidade, mas foi quem a batizou.

O sanduíche demorou a chegar ao Brasil, mas foi catapultado pela industrialização, quando os habitantes da cidade sentiram necessidade de comida rápida fora de casa. Um dos mais famosos é o Beirute, nascido Beiruth. Surgiu em São Paulo, no restaurante Bambi, da Alameda Santos, em 1950, ano de fundação dessa casa histórica que fechou as portas em 2001. Resume-se a um pão árabe (aquele de formato redondo, chato e oco) aberto, recheado com fatias finas de rosbife, rodelas de tomate, lâminas de muçarela e orégano, cortado em quatro partes.

Seu criador foi Fares Sader (1918-1970), imigrante libanês que, no Brasil, associou-se ao irmão Louis Sader. Ambos abriram o Bambi, tornando-o por muito tempo um dos melhores restaurantes de cozinha árabe de São Paulo. Até hoje a clientela saudosa lembra-se de itens de seu cardápio, como Kibe Cru, Michuí, Kafta, Homus, Steak Siberiana e da voluptuosa Salada de Tomate, além de sobremesas exclusivas à base de sorvete, como Hagibaba, Lollobrigida e Chocolt (chocolate) Mou (pastoso) Mud (lama), popularizado como Chocolamur.

"Orgulho-me do meu marido ter inventado o Beirute", afirmou Nazima Buraad Sader, viúva de Fares. "Deu-lhe o nome de Beirute para homenagear sua cidade natal". Os fundadores do Bambi eram do ramo. O pai deles havia sido sócio da confeitaria A. F. Sader & Frères, uma das melhores e mais refinadas da capital libanesa. Notabilizava-se tanto pela produção de chocolates e doces como pela cozinha do restaurante anexo.

Convidava pâtissiers e chefs estrangeiros para exibições grandiosas em Beirute. Depois da morte do pai, Fares correu o mundo. Esteve em Bagdá (Iraque), Montevidéu (Uruguai), Caracas (Venezuela) e, finalmente, instalou-se em São Paulo, onde o irmão já vivia. Conheceu Nazima, filha de libaneses e cuja mãe também assinava Sader. Casaram em 1955 e tiveram três filhos.

Era talentoso pâtissier, tendo sido um dos primeiros chocolatiers do Brasil (fazia inclusive gianduia), e excelente cozinheiro. Quando morreu, em 1970, com apenas 52 anos, a mulher e os filhos passaram a cuidar do Flamingo, na rua Augusta, outro endereço concorrido de cozinha árabe em São Paulo. Mantiveram a casa até 1983, quando encerraram o negócio. Louis e os filhos ficaram com o Bambi, que acabou registrando a marca Chocolamur no INPI (Instituto Nacional de Propriedade Industrial), em 1985. Enquanto as duas casas existiram, os cardápios se assemelhavam.

Mudavam apenas os nomes dos pratos. "Hoje, chamam de Beirute quase tudo o que é feito no pão árabe", lamenta Nazima. No seu restaurante, as variações do sanduíche se intitulavam Flamingo (muçarela, ovo frito, cafta e tomate) e Augusta (muçarela, presunto, filé mignon picadinho, tomate e orégano). Na casa-mãe, figuravam como Bambi 54 e Bambi 59. Continuam a existir excelentes beirutes em São Paulo. O do Frevo é extraordinário; o do Arabesco e o da rede América destacam-se pela qualidade.

BEIRUTE

RENDE 1 SANDUÍCHE

INGREDIENTES

- 1/2 kg de lagarto limpo, sem gordura (essa quantidade de carne dá para uns 6 ou mais sanduíches)
- 4 fatias finas de tomate com casca
- 1 pão árabe
- 5 fatias finas de muçarela
- Orégano para salpicar
- Sal a gosto

PREPARO

1. Em uma panela (pode ser de pressão), cozinhe a carne em água com sal, até ficar macia. Evite que passe demais, para não perder o suco.

2. Depois de fria, corte a carne em finas fatias. Para um beirute serão utilizadas de quatro a cinco fatias. Congele a carne que sobrou para usar em outras preparações.

3. Salpique as fatias de tomate com sal.

4. Abra o pão árabe ao meio. De um lado do pão, coloque de quatro a cinco fatias de rosbife e, em cima, as rodelas de tomate. Do outro lado, disponha as fatias de muçarela e salpique um pouco de orégano.

5. Leve as duas metades (abertas) ao forno bem quente (preaquecido a 250 °C), por cerca de 5 minutos. Retire, feche o beirute e retorne-o ao forno por mais 5 minutos.

6. Sirva o sanduíche imediatamente, cortado em quatro partes.

Receita de Fares Sader, o criador do sanduíche, em São Paulo, SP

CACHORRO-QUENTE

Diferenças nos hábitos alimentares sempre separaram os norte-americanos dos europeus ocidentais. Exemplo: apesar da qualificação dos restaurantes nos Estados Unidos, cada vez melhores, a comida de rua continua a ter grande importância para a população do país. Na Europa Ocidental a comida de rua é menos expressiva. Os europeus consideram a mesa uma santuário do prazer gustativo e da convivência humana. Já os norte-americanos gostam de comer caminhando pelas calçadas, não se importando se, ao andarem, a comida escorre entre os dedos, lambuza o rosto e respinga na roupa.

Não por acaso, os norte-americanos inventaram ou consagraram um dos sanduíches mais populares no mundo: o Hot Dog, que no Brasil foi traduzido para Cachorro-Quente. Compram-no de ambulantes que abrem o pão no meio e o recheiam com salsichas tipo Frankfurt, cozidas na água e muitas vezes douradas no grill. O molho pode ser de picles, mostarda e ketchup; chucrute e chili; vinagrete, repolho fermentado e maionese; cebola picante e queijo ralado; e muitas outras combinações.

Há três versões diferentes para a origem desse sanduíche. A primeira atribui sua designação a um açougueiro de Frankfurt, na Alemanha. Ele teria dado às salsichas que produzia o nome do seu cachorro bassê. A outra credita a invenção do Hot Dog ao imigrante Charles Feltman (1841-1910), também alemão. Teria introduzido a salsicha tipo Frankfurt nos Estados Unidos, em 1880, quando passou a vender comidas quentes nas ruas de um distrito de Nova York. Diante da impossibilidade de competir com os restaurantes, criou um sanduíche com salsicha, mostarda e chucrute. Em 1871, estabeleceu-se em um ponto fixo da região. No primeiro ano

O restaurante Feltman´s Deutscher Garten: o Hot Dog virou estrela do cardápio e se tornou sucesso comercial.

já vendia 3.684 cachorros-quentes. O sucesso o fez abrir o restaurante Feltman's German Beer Gardens, no qual o Hot Dog virou a estrela do cardápio.

Hoje, os americanos tendem a aceitar uma terceira explicação. Dizem que o cachorro-quente surgiu na cidade de Saint Louis, em 1904, criado pelo igualmente alemão Anton Feuchtwanger, vendedor ambulante de salsichas. Ele atraía os clientes oferecendo luvas de algodão para não queimarem as mãos. Entretanto, muitos esqueciam-se de devolver a proteção e lhe davam prejuízo. Aconselhado pelo cunhado padeiro, Feuchtwanger trocou as luvas por pãezinhos cortados ao meio.

Os americanos renderam-se ao Cachorro-Quente por ser lanche rápido, capaz de substituir a refeição convencional quando estão com pressa, nas visitas aos parques arborizados, nos passeios aos zoológicos e, sobretudo, nos jogos de futebol americano ou beisebol. Tem sido assim desde a criação do sanduíche. Aliás, sustentam que o Hot Dog foi batizado durante um jogo dos New York Giants, um time de futebol americano da maior cidade do país. Como fazia muito frio, um cidadão, chamado Harry Stevens, não conseguia vender aos torcedores os sorvetes e refrigerantes que estocara para a ocasião. Então, arrematou todas as salsichas e pães das redondezas e mandou seus empregados oferecerem o sanduíche pelo estádio. Saiu tudo. O cartunista Tad Dorgan (1877-1929), do *New York Journal*, que assistia à partida na cabine de imprensa, divertiu-se com a cena. Ele costumava fazer caricaturas dos imigrantes alemães, gente simples que falava mal o inglês e ganhava a vida vendendo salsichas tipo Frankfurt, que muitos julgavam levar carne de cachorro. Brincando com essa lenda, desenhou um cãozinho bassê entre duas fatias de pão.

A lanchonete de Nathan Handwerker distribuía sanduíche de graça aos médicos do hospital vizinho, para comprovar as perfeitas condições sanitárias do seu sanduíche.

HOT
FRANKFURTER
HAMBURGER
ROAST BEEF
ORANGE
PINEAPPLE
and GRAPE
5¢
FRANKFURTER
HAMBURGER
ROAST BEEF
PINEAPPLE
ORANGE
AND
GRAPE
5¢
CHOW MEIN
BARBECUE
KFURTERS
FRANKFURTERS · Nathan's FAMOUS
Nathan's
BEER GARDEN
No Extra Charge At Tables
ALL SOFT DRINKS 5¢
BEER ON DRAUGHT
ICE COLD CREAMY ROOT BEER 5¢
HOT FRANKFURTER 10¢ ON ROLL
ORANGE DRINK 5¢
PINEAPPLE DRINK 5¢
GRAPE DRINK 5¢
RUPPERT
BEER-ALE

O animal era retratado latindo, coberto de mostarda e com esta legenda: "Pegue o seu Cachorro-Quente!". O cartum alcançou sucesso e consagrou o sanduíche. Mais tarde, duvidou-se em Nova York da higiene do preparo do Hot Dog nas ruas. Muitas pessoas deixaram de consumi-lo com medo de doenças.

Aí entrou em cena o comerciante Nathan Handwerker (1892-1974), ex-empregado do Feltman's Deutscher Garten, que adotou uma estratégia inteligente para demonstrar as perfeitas condições sanitárias do seu sanduíche. Começou a oferecê-lo de graça aos médicos de um hospital vizinho, desde que viessem usando o uniforme profissional. Daquela maneira, avalizavam a sanidade do produto. Hoje, os americanos comem em média 20 bilhões de cachorros-quentes por ano, sendo 26 milhões durante os campeonatos de futebol americano.

No Brasil, o Cachorro-Quente foi lançado nos anos 1920, pelo empresário espanhol Francisco Serrador (1872-1941), pai da Cinelândia, no Rio de Janeiro. Colocou a novidade à venda na entrada dos seus cinemas. Mas o sanduíche só alcançou prestígio nacional a partir de 1945, depois da Segunda Guerra Mundial, quando nosso país sofreu influência avassaladora da cultura americana.

A novidade inspirou a dupla Lamartine Babo e Ary Barroso a compor, em 1928, a marchinha de carnaval Cachorro-Quente: "Que bom é lamber.../ Trincar... comer.../ Um cachorrinho tentador/ No quarteirão do Serrador". Completamente globalizado, como está em moda dizer, o Hot Dog segue em frente. Talvez só o Hambúrguer ameace seu primado. Apesar do nome divertido, porém levemente grosseiro, com o qual, aliás, já nos acostumamos, não assusta mais ninguém. O mundo inteiro gosta dele e o traça com gana.

Ary Barroso: marchinha de carnaval, em 1928, inspirada pelo Cachorro-Quente.

REPRODUÇÃO / WIKIMEDIA COMMONS / "REVISTA DA SEMANA", 1939

CACHORRO-QUENTE

RENDE 1 SANDUÍCHE

INGREDIENTES

- 1 salsicha tipo Frankfurt
- 1 pão de cachorro-quente
- 1 colher (sopa) de mostarda escura
- 1 colher (sopa) de chucrute (opcional)
- 1 pitada de sal

PREPARO

1. Em uma panela com água fervente, coloque a salsicha e cozinhe-a em fogo baixo por cerca de cinco minutos. Retire e escorra.

2. Em uma frigideira, esquente a salsicha virando-a seguidamente até ficar dourada, com aparência de frita.

3. Abra o pão no sentido do comprimento, sem separar as duas partes, e deposite dentro a salsicha.

4. Distribua em cima a mostarda escura e o chucrute.

5. Ajuste o sal e sirva em seguida.

Receita do chef Bruno Fischetti, de São Paulo, SP

CHIVITO

Uruguaio de nascimento, o Chivito é um sanduíche surgido por *casualidad*, como dizem nossos vizinhos castelhanos. Uma mulher argentina, vinda da província de Córdoba, entrou faminta no restaurante El Mejillón Bar, de Punta del Este (Uruguai), localizado na esquina das ruas 31 e 32.

Era 31 de dezembro de 1944, à noite, e o luxuoso balneário, em plena temporada turística, estava lotado de forasteiros. Ela queria comer carne de *chivito*, ou seja, de cabritinho. Além de o produto ser pouco comum no Uruguai, El Mejillón não trabalhava com ele.

Depois de explicar o motivo da falta, Antonio Carbonaro, dono do estabelecimento, prometeu à cliente: "Mas a senhora não irá embora sem ser atendida". Aí, preparou-lhe um sanduíche de pão catalão tostado, com manteiga, uma fatia bem fina de carne bovina, salteada na frigideira com um fio de azeite, e outra de presunto. "A mulher ficou encantada", declarou Carbonaro anos mais tarde. Com o tempo, surgiram versões à base de outras carnes, inclusive de frango. O nome Chivito foi dado em homenagem à cliente.

Faz-se o sanduíche uruguaio habitualmente com filé bovino salteado em chapa de ferro, cujo modelo Carbonaro idealizou e mandou forjar. Pode-se igualmente usar a frigideira. Aos poucos, o Chivito recebeu novos ingredientes e guarnições. Hoje, incorpora presunto cozido, muçarela, alface, rodelas de tomate, ovo e maionese. Às vezes, é acompanhado de batata frita ou salada russa.

Punta del Este: turistas de toda a parte, como a mulher argentina para quem El Mejillón Bar inventou seu sanduíche famoso.

Entre as variações do sanduíche, destaca-se o Chivito Canadense, denominado assim por levar bacon canadense, que é feito com lombo de porco. Há ainda o Chivito ao Prato, semelhante à preparação anterior, porém sem o pão. Pode ser muito bom, mas deixa de ser um sanduíche e vira comida convencional.

A novidade do El Mejillón, que funcionava 24 horas sem descanso, atendendo uma clientela frequentadora do cassino de alto nível de Punta del Este, caiu no gosto do público. Carbonaro chegou a vender mil chivitos por dia, a ponto de ter dois açougueiros abastecendo exclusivamente o seu estabelecimento. Foi assim até a década de 1960, quando o boxeador argentino Carlos Monzón (1942-1995), campeão mundial da categoria médio entre os anos 1970 e 1977, comprou El Mejillón e demoliu o prédio para construir um edifício no local.

Atualmente, o Chivito é preparado nos restaurantes de todo o país e na condição de comida de rua. Tornou-se até atração turística. Na Argentina, há um sanduíche assemelhado, batizado de Lomito; no Brasil, seu similar é o Bauru. Agora, pode ser encontrado em bares de cozinha uruguaia na América Latina e inclusive dos Estados Unidos.

Converteu seu criador em personalidade nacional. Carbonaro morreu em 2003, aos 87 anos, depois de se tornar um dos empresários gastronômicos mais importantes de Punta del Este e de ser deputado pelo Partido Colorado. Tudo por causa de um sanduíche.

O boxeador argentino Carlos Manzón, à direita. Ele mandou demolir o bar onde o Chivito foi inventado para construir um edifício no local.

GETTY IMAGES

CHIVITO

RENDE 1 SANDUÍCHE

INGREDIENTES

- 1 filé bovino com cerca de 200 g
- Sal e pimenta-do-reino moída na hora a gosto
- 1 fio de azeite
- 1 fatia de muçarela
- 1 fatia de bacon comprida
- 1 ovo
- 1 pão individual redondo (semelhante ao pão d'água)
- Maionese a gosto
- 1 folha de alface americana
- 1 fatia de presunto magro
- 2 rodelas de tomate com casca
- Batata frita ou salada russa para acompanhar

PREPARO

1. Tempere a carne com sal, pimenta e sele-a em uma chapa de ferro, ou frigideira, com um fio de azeite. Retire do fogo e, sobre a carne, coloque o queijo para derreter.

2. Em outra frigideira, frite o bacon rapidamente, retire-o e, nessa mesma frigideira, frite o ovo, deixando a clara consistente e a gema mole.

3. Monte o sanduíche, abrindo o pão ao meio e espalhando um pouco de maionese. Disponha a folha de alface, em cima a fatia de presunto, as rodelas de tomate, o filé com o queijo, o bacon e por fim o ovo frito.

4. Feche o sanduíche com a outra parte do pão e sirva-o acompanhado de batata frita ou salada russa.

Receita preparada por Andréa González e Thais Mandacaru

CHORIPÁN

Quase sem perceberem, os brasileiros vão adotando hábitos alimentares argentinos, difundidos geralmente a partir de São Paulo. Primeiro, foi a empanada recheada com carne, presunto, queijo, cebola, milho verde, roquefort ou frango. Chegou à capital paulista na década de 1980, preparada por argentinos bons de cozinha como Hugo Ibarzábal (1938-2017), que abriu o Martín Fierro no bairro da Vila Madalena. Depois, vieram os cortes bovinos: os bifes de chorizo e ancho, hoje grelhados nas churrascarias de todo o Brasil.

Também aprenderam a gostar do asado (em espanhol grafado com um s) de tira e da molleja, a glândula do timo. Sem falar que ensinaram aos brasileiros o uso da parrilla de lenha ou de carvão e da grelha de canaleta, que baniu o espeto gaúcho, atualmente circunscrito ao preparo de cortes como o medalhão de picanha e a fraldinha ou vazio. E, para acompanhar as refeições, vão agora de vinho tinto Malbec, encerrando-as com alfajor, o docinho de biscoitos empilhados e recheados, tão apreciado na Argentina, vendido em São Paulo desde 2006 pela marca Havanna.

Ultimamente, desembarcou no Brasil o Choripán. Trata-se de um sanduíche fácil de preparar, rápido de comer, relativamente barato, nutritivo e gostoso. Leva chorizo fresco condimentado com noz-moscada, erva-doce, pimentão, cravo e canela. O embutido às vezes incorpora um pouco de vinho ou vinagre, a fim de acentuar sabor e maciez. Antes de ser acrescentado ao sanduíche, é grelhado nas brasas adquirindo um apetitoso tom vermelho escuro.

Encontra-se ótimo Choripán no Madero Steak House, por exemplo, a maior cadeia nacional de casual dining, categoria de restaurante situada entre o fast-food e os restaurantes gastronômicos requintados. O Madero o prepara em todos os restaurantes abertos em mais de meia centena de cidades brasileiras. O sanduíche também é oferecido em restaurantes argentinos, nesse caso embalado em compreensível orgulho cívico.

O nome Choripán deriva de chorizo – pequena linguiça campeira, habitualmente fresca, com 70% de carne bovina e 30% de porco – combinado à palavra pão. Surgiu em meados do século XIX na região do Rio da Prata, onde se localiza Buenos Aires. Apareceu no campo e só depois migrou para as cidades. Os gaúchos argentinos até hoje começam seus churrascos com chorizo e pão. A seguir, comem os asados, ou seja, as diferentes carnes.

Nas cidades, o Choripán tornou-se a mais importante comida de rua. Em Buenos Aires, carrinhos ambulantes vendem o sanduíche em volta dos estádios de futebol, nos dias de jogo, e dos comícios políticos. Os argentinos também saboreiam o Choripán nos asados familiares, em bares e restaurantes populares.

Antes de fechar o sanduíche, acrescentam um molho à base de pimentão vermelho, cebola, tomate, azeite, vinagre, sal e, às vezes, Chimichurri (salsa, orégano, cebolinha, pimenta-do-reino, alho etc.), no caso desidratado; ou, então, incorporam só Chimichurri diluído em vinagre e azeite. Uma forma de preparo é cortar o chorizo ao meio, no sentido longitudinal, originando o Choripán Mariposa (borboleta).

O sanduíche se alastrou pelo Chile, Uruguai, Peru e Bolívia. No Rio Grande do Sul, há uma variação chamada de salsipão. Na verdade, o Choripán tem admiradores infinitamente mais numerosos na Argentina. Estima-se que sua população saboreie 600 milhões desse sanduíche por ano. Exagero? Quem sabe.

O fato é que, segundo levantamento de uma revista portenha, o Choripán é um dos dez pratos favoritos do país, junto com o asado, a milanesa napolitana (bife empanado, frito, coberto com molho de tomate, presunto e muçarela, e levado ao forno para gratinar) e a pasta (massa). Se alguém se incomodar com mais essa invasão argentina, que faça o teste. Quando saborear um Choripán bem feito, vai achá-lo irresistível.

CHORIPÁN

RENDE 1 SANDUÍCHE

INGREDIENTES

MOLHO CHIMICHURRI

(rende 325 g de molho)

- 5 g de tomilho
- 30 g de salsinha
- 22 g de cebolinha
- 4 g de sal
- 5 g de alho triturado
- 3 g de vinagre de vinho branco
- 22 ml de água
- 31 g de cebola triturada
- 3 g de orégano
- 4 g de molho de pimenta caseiro
- 190 ml de azeite de oliva

MOLHO CHORIPÁN (VINAGRETE)

(rende 250 g de molho)

- 115 g de tomate picado
- 115 g de cebola assada
- 1 unidade de pimenta biquinho
- 25 g do molho Chimichurri
- 4 ml de azeite de oliva
- 3 ml de aceto balsâmico claro
- 1 pitada de sal

MOLHO DE MAIONESE

(rende 250 g de maionese)

- 33 g de gema de ovo pasteurizada
- 5 ml de suco de limão
- 5 g de mostarda amarela
- 5 ml de vinagre de vinho branco
- 225 ml de óleo de milho
- 4 g de cebola triturada
- 5 g de sal
- 1 pitada de pimenta-do-reino

FINALIZAÇÃO DO SANDUÍCHE

- 180 g de batatas fritas (para acompanhar)
- 130 g de linguiça de pernil defumada
- 1 unidade de pão tipo francês, crocante e redondo
- 15 g do molho de maionese
- 10 g de alface americana
- 40 g do molho Choripán (vinagrete)

PREPARO

MOLHO CHIMICHURRI

1. Tire os cabinhos do tomilho, cortando finamente as folhas. Corte a salsinha e a cebolinha em pedaços pequenos.

2. Coloque esses ingredientes em um recipiente e tempere com o sal, o alho, o vinagre, a água, a cebola, o orégano, a pimenta e o azeite de oliva. Misture bem.

MOLHO CHORIPÁN (VINAGRETE)

3. Corte os tomates e a cebola em cubos, e a pimenta biquinho, em pedaços pequenos. Passe para um recipiente e junte o molho Chimichurri, o azeite, o aceto balsâmico e o sal. Misture bem.

MOLHO DE MAIONESE

4. Em uma batedeira, coloque a gema de ovo pasteurizada, o suco do limão, a mostarda e o vinagre.

5. Bata os ingredientes na velocidade baixa e vá acrescentando o óleo de milho, aos poucos, até obter um creme espesso e pesado, que não escorra da batedeira.

6. Desligue a batedeira e adicione a cebola, o sal e a pimenta-do-reino. Torne a ligar até obter um composto homogêneo.

FINALIZAÇÃO DO SANDUÍCHE

7. Grelhe a linguiça em fogo alto por 3 minutos de cada lado. Corte o pão ao meio, passe a maionese na base do pão, acrescente a alface, a linguiça e por cima o molho Choripán.

8. Feche com a outra metade do pão e sirva em seguida, com as batatas fritas.

Receita de Junior Durski, chef e presidente da rede Madero

REPRODUÇÃO / NELSON-ATKINS MUSEUM OF ART, KAMSAS CITY, EUA

CROQUE-MONSIEUR

Época de ouro da beleza, cultura e inovação, a Belle Époque, iniciada no final do século XIX, em consequência do progresso industrial, e encerrada em 1914, ao ser deflagrada a Primeira Guerra Mundial, teve como epicentro mundial a cidade de Paris – e também iluminou a arte culinária. Nobres e aristocratas europeus ou americanos, que desfrutavam da sua efervescência na capital francesa, saboreavam receitas incomuns em restaurantes elegantíssimos, cultuando as boas maneiras e as demoradas conversações.

Os pratos eram preparados com ingredientes exclusivos: trufa, o cogumelo subterrâneo de sabor inconfundível; foie gras, o cobiçado fígado gordo de ganso ou pato; aves de criação ou de caça; peixes em molhos untuosos. Além disso, os protagonistas da Belle Époque esbaldavam-se em champagnes caros e vinhos espetaculares.

Até então, a cozinha da moda seguia os padrões dos chefs neoclássicos Urbain Dubois, Jules Gouffé e Joseph Favre. Quando a Belle Époque instalou-se, o novo estilo de comer foi interpretado por cozinheiros considerados esteticamente românticos, como Prosper Montagné, Édouard Nignon e Auguste Escoffier, o mais importante dos três.

Boulevard des Capucines, em Paris, por Claude Monet, pintura do século XIX: o Croc-Monsieur foi criado ali, pelo dono de um bistrô.

Em meio a essa exuberância, que deu a Paris o título de Cidade Luz, apareceu um sanduíche voltado às pessoas que não dispunham de tempo para passar horas à mesa. É o Croque-Monsieur, hoje apreciado internacionalmente. Seu nome agrega duas palavras evidentemente francesas. *Croquer* é "trincar, devorar, comer depressa". Mas também pode ser "tostar levemente", uma das formas de preparar o pão usado no sanduíche.

Monsieur é "senhor". Uma versão simpática, porém controvertida, acredita que esse substantivo foi agregado pelos garçons parisienses. Quando atendiam o pedido do cliente, eles acrescentavam naturalmente o tratamendo "monsieur": "Le Croque, monsieur". Entretanto, o filólogo francês René Girard (1923-2015), no livro *Histoire des mots de la cuisine française* ("História das palavras da cozinha francesa"), publicado em 1947, apostou em outra história.

Contou que o Croque-Monsieur foi criado em 1910 por Michel Lunarca, dono do bistrô Le Bel Âge, que funcionava no 23 Boulevard des Capucines, fervilhante bairro parisiense na Belle Époque. Postais da época exaltaram o seu intenso movimento e a arquitetura pujante. O pintor impressionista francês Claude Monet (1840-1926) o retratou em famoso óleo sobre tela.

Le Bel Âge, eufemismo para "velhice", evoca paradoxalmente a exuberância dos bons tempos do bistrô da Belle Époque. "Quem for hoje ao local onde ele funcionava, porém, vai encontrar um restaurante chinês", avisa o fotógrafo brasileiro Antônio Ribeiro, fã do Croque-Monsieur, que por vinte anos trabalhou em Paris. "Entretanto, poderá saborear em frente, no elegante Café de Paris, um dos melhores sanduíches elaborados conforme a receita original".

Há uma explicação considerada mais verossímil para a invenção do Croque-Monsieur do que a envolvendo os garçons parisienses. Lunarca, dono do bistrô Le Bel Âge, havia incluído no cardápio um novo sanduíche feito no pão de fôrma, em vez da tradicional baguette. Querendo mais informação, um cliente indagou-lhe qual a carne que ia dentro do sanduíche. Lunarca respondeu em tom de brincadeira: "De la viande de monsieur!" ("É carne de um senhor", em tradução livre). Os outros clientes acharam graça e no dia seguinte já solicitavam Croque-Monsieur.

Resumidamente, o sanduíche consiste em um pão de fôrma com presunto, queijo e molho bechamel. Assado no forno, chapa ou frigideira, é servido depois de gratinado. Se receber em cima um ovo frito, transforma-se em Croque-Madame. Reza a lenda que essa variação surgiu por exigência de uma mulher.

Ela teria achado o nome do sanduíche machista. Para contentá-la, o chef alterou a receita, "coroando-a com um ovo frito", como alguém já escreveu. Outros discordam da explicação feminista. Garantem que o Croque-Madame foi chamado assim apenas pelo fato de o ovo lembrar os chapéus femininos de antigamente.

Há muitas interpretações do sanduíche original, sobretudo no exterior do país, mas só o Croque-Madame é considerado ortodoxo. Se levar tomate, converte-se em Croque-Monsieur Provençal; com queijo bleu d'auvergne, torna-se Auvernês; e daí em diante. Os franceses mais exigentes, entretanto, não deixam de usar os ingredientes tradicionais.

O pão é necessariamente de fôrma, o chamado "pain de mie". Era tostado antes de ser recheado? Não há notícia disso. Geralmente não se tosta. A parte interior, que fica junto ao recheio, deve estar porosa, como uma espécie de esponja, para acolher generosamente um dos molhos mais simples e deliciosos da culinária tradicional francesa, mundialmente conhecido: o bechamel.

Quanto ao queijo, recomenda-se o suíço gruyère. Entretanto, o Croque-Monsieur mais qualificado incorpora o comté, de aroma e sabor particulares, fabricado na região francesa do Haut-Jura. Há quem use o emmenthal. O chef francês Eric Berland, de São Paulo, prefere juntar o gruyère ao emmenthal, incorporar gema de ovo, mexer bem, e misturar ao bechamel, criando o molho mornay, que vai dentro e sobre o sanduíche.

E o presunto? Precisa ser o cozido, de preferência o jambon de Paris ou o jambon blanc. Jamais o cru, que endurece com o calor do forno. Já o melhor acompanhamento é uma singela salada de alface ou batatas fritas. Para beber, um vinho. Antônio Ribeiro prefere um tinto seco, de preferência os tranquilos do Vale do Loire.

Personalidades francesas já se declararam apreciadoras do Croque-Monsieur, entre as quais os ex-presidentes franceses Giscard d'Estaing e François Mitterrand. E o mais ilustre fã do Croque-Monsieur pode ter sido o escritor Marcel Proust, célebre pela obra *À la recherche du temps perdu (Em Busca do Tempo Perdido)*, publicada em sete partes entre 1913 e 1927.

Ele o cita no segundo livro da série, intitulado *À l'Ombre des Jeunes Filles en Fleurs (À Sombra das Raparigas em Flor)*: "Agora, ao sair do concerto (...), paramos um momento, minha avó e eu (...), para trocar algumas palavras com Madame de Villeparisis, que (...) havia encomendado para nós, no hotel, Croque-Monsieur (...)". Nenhum outro sanduíche mereceu uma referência literária tão ilustre.

Marcel Proust conferiu dignidade literária ao sanduíche quando o citou no segundo livro da série *À La Recherche du Temps Perdu.*

CROQUE-MONSIEUR

RENDE 2 SANDUÍCHES

INGREDIENTES

MOLHO MORNAY

- 250 ml de molho bechamel (em uma panela, derreta 25 g de manteiga, junte 25 g de farinha de trigo e mexa, para os ingredientes ficarem bem incorporados. Acrescente 250 ml de leite frio e mantenha em fogo baixo, mexendo sempre, por uns 10 minutos, até obter um molho espesso e uniforme. Tempere com um pouco de sal, pimenta-do-reino e noz-moscada. Retire do fogo).
- 50 g de queijo gruyère ralado
- 50 g de queijo emmenthal ralado
- 1 gema de ovo

FINALIZAÇÃO

- 4 fatias de pão de fôrma (ou de brioche)
- 4 fatias de presunto cozido
- 2 fatias de queijo gruyère
- 2 fatias de queijo emmenthal
- Queijo parmesão ralado para gratinar.

PREPARO

MOLHO MORNAY

1. Misture ao molho bechamel quente os queijos gruyère e emmenthal ralados. Por último, incorpore a gema e mexa bem.

FINALIZAÇÃO

2. Disponha uma fatia de pão sobre a mesa e comece a montagem do sanduíche, colocando uma camada de molho sobre o pão.

3. Distribua a seguir uma fatia de presunto, em seguida uma fatia de queijo gruyère, mais uma de presunto e uma de emmenthal.

4. Feche com a segunda fatia de pão, adicione mais molho e polvilhe com o parmesão ralado.

5. Para o preparo do segundo sanduíche, repita os passos da finalização.

6. Aqueça os sanduíches no forno e finalize gratinando o queijo.

Receita do chef Eric Berland, de São Paulo, SP

GETTY IMAGES

FRANCESINHA

Ir ao Porto e não saborear uma Francesinha equivale a visitar Roma e não ver o papa. A cidade onde esse sanduíche foi inventado tem outras atrações gastronômicas clássicas. Vão das Tripas à Moda do Porto e do Bacalhau à Gomes de Sá aos Rojões (cubos de carne de porco fritos na banha). Mas, em número de preparo, atualmente a liderança fica com a Francesinha. Em 2011, o megasite americano AOL Travel a elegeu entre os dez melhores sanduíches do mundo. A escolha de alguns premiados, cujos nomes não convém citar aqui, foi discutível. Faltaram o americano Cheeseburguer, o italiano Tramezzino, o argentino Choripán e o brasileiro Bauru, por exemplo. Entretanto, o reconhecimento da gostosa Francesinha foi muito merecido.

Na prática, o ícone portuense não deveria ser chamado de sanduíche, mas de refeição completa. A receita original confirma isso. Manda colocar duas fatias grossas de pão de fôrma por alguns minutos em uma sanduicheira elétrica (dessas com uma grelha em cima e outra na base), recheadas com queijo, uma salsicha, uma linguiça fina e um bife de filé mignon (os portugueses dizem lombo) passado na chapa.

Cidade do Porto, em Portugal: cada habitante tem seu lugar favorito para saborear a Francesinha e "torce" pela "sua" como se fosse um time de futebol.

Depois de alguns minutos, vão fatias de queijo no topo. Quando derretem, retira-se o sanduíche da máquina para coroá-lo com um ovo frito e o molho, que é considerado sua "alma". Leva cebola, alho, louro, cravo, piripiri (pimenta-malagueta), sal, carne de porco, polpa de tomate, licor de laranja (Cointreau), brandy, vinho branco, cerveja clara e abafado, um vinho cujo mosto não chegou a fermentar porque foi diluído em aguardente. Para acompanhar, batatas fritas palito.

Come-se a Francesinha no prato, usando garfo e faca. Há variações com outras carnes, camarão e, inclusive, uma opção vegetariana, menos prestigiada. Todas as versões da Francesinha são criticadas pelos médicos, como sempre destruidores dos nossos prazeres. Eles acusam o sanduíche do Porto de atentar contra as artérias e a silhueta.

No entanto, a advertência não inibe o apetite dos seus milhares de apreciadores. A Francesinha é preparada nos bares e restaurantes populares do Porto. Em Lisboa, a moda nunca pegou. Talvez a rivalidade entre as duas cidades tenha influenciado na resistência. Houve até uma tentativa de criar a Francesinha Hut, inspirada na rede Pizza Hut, mas a ideia não foi adiante.

Cada portuense tem seu lugar favorito para saborear a Francesinha e "torce" pela "sua" como se fosse um time de futebol. O sanduíche faz tanto sucesso que surgiu inclusive um blog para oferecer um ranking, uma espécie de guia dos melhores endereços do seu preparo.

No início de 2018, estavam classificados na ponta, pela ordem, estes lugares: Alicantina, Cufra (bilhares), Cunha, Santiago, Capa Negra, Café Belas Artes, Paquete, Cervejaria Galiza, Porto Beer, Cufra (marisqueira), Rio de Janeiro,

Buffet Fase, Diu, Aviz, Java, Embaixador e Ricardo 2. Eis o link para atualização: asmelhoresfrancesinhas.blogspot.com.

Não são meras coincidências as semelhanças da receita portuense com o sanduíche parisiense Croque-Monsieur, de 1910, também esquecido pelo site AOL Travel — duas fatias de pão recheadas com um creme à base de leite e ovos, queijo ralado e presunto, cobertas com o mesmo molho e outra vez queijo ralado, por último levadas ao forno para gratinar.

Atribui-se a criação da Francesinha a Daniel David da Silva, um bartender nascido na cidade de Braga. Ele trabalhava em um hotel de Paris quando recebeu uma proposta para trabalhar na Regaleira, bar e restaurante do Porto, que necessitava de um profissional da sua categoria.

Ofereceram-lhe ótimo salário e 10% da sociedade. David aceitou. No final de 1951, desenvolveu um sanduíche a partir do francês Croque-Madame, derivação do Croque-Monsieur, que recebe esse nome por ter um ovo em cima. Entretanto incluiu ingredientes diferentes, a começar pelo molho turbinado. Achou que ficaria mais apetitoso.

Lançada em janeiro do ano seguinte, a novidade fez sucesso imediato, e outras casas a copiaram. Por que se chama Francesinha? "David era incorrigível mulherengo", explicou anos atrás Manuel Ferreira, sócio da Regaleira. "Não tirava da cabeça as mulheres francesas, mais liberais do que as portuguesas." Sedutora inspiração!

FRANCESINHA

RENDE 1 SANDUÍCHE

INGREDIENTES

MOLHO

- 3 colheres (sopa) de maionese
- 100 g de creme de leite
- 100 g de molho de tomate
- 1/2 colher (sopa) de molho inglês
- 2 colheres (sopa) de vinho do Porto ou conhaque
- Molho de pimenta piripiri (ou outro picante) a gosto

FRANCESINHA

- 3 fatias de pão de fôrma
- 1 bife de carne bovina temperado com sal, pimenta e frito em um pouco de azeite quente
- 4 fatias de queijo parmesão
- 1 fatia de presunto
- 1 salsicha grelhada e fatiada
- 3 fatias de linguiça grelhada
- 1 ovo estrelado (com a clara firme e a gema mole) em um fio de azeite
- Batatas fritas para acompanhar
- Pimenta-do-reino a gosto

PREPARO

MOLHO

1. Misture todos os ingredientes e aqueça em fogo baixo.

FRANCESINHA

2. Sobre uma fatia de pão de fôrma, coloque o bife, uma fatia de queijo, uma de presunto, a salsicha, outra fatia de pão, a linguiça e outra fatia de queijo.

3. Coloque uma terceira fatia de pão.

4. Cubra com o queijo que sobrou e leve ao forno para derreter e gratinar um pouco o queijo.

FINALIZAÇÃO

5. Retire do forno, cubra com o molho quente e finalize com o ovo estrelado, polvilhado com pimenta.

6. Acompanhe com batata frita.

Receita preparada pelo restaurateur Edrey Momo, de São Paulo, SP

HAMBÚRGUER

Chegou-se a um consenso sobre a origem do Hambúrguer – a principal contribuição dos Estados Unidos à gastronomia, juntamente com o Hot Dog ou Cachorro-Quente e o milk shake. A versão que agora predomina tem defensores como Andrew F. Smith, professor de história da culinária na New School, de Nova York. No livro *Hambúrguer – Uma História Global* (Editora Senac, São Paulo, SP, 2012), ele sustenta que o bolinho mais famoso do mundo descende da carne de Hamburgo, cobiçadíssima na Europa do início do século XIX.

Como o nome indica, procedia da região da cidade homônima, hoje a segunda maior da Alemanha. "Uma forma comum de preparar a Carne de Hamburgo consistia em triturá-la, temperá-la e dar-lhe forma de bolinhos redondos e achatados", diz Smith. Muitas receitas com ela apareceram em livros.

Na falta do ingrediente original, ou por razão de economia, os bolinhos levavam outras carnes, de diferentes procedências, e nem sempre cortes de primeira como T-bone e alcatra. Eram servidos no prato. Foram os imigrantes alemães que os introduziram nos Estados Unidos. Ali, a carne de Hamburgo recebeu inicialmente o nome de bife de Hamburgo. Na segunda metade do século XIX já figurava nos cardápios dos restaurantes norte-americanos dedicados à cozinha alemã.

Em 1874, imigrantes alemães embarcam no porto de Hamburgo para os Estados Unidos levando junto seus hábitos alimentares para a América do Norte.

A Exposição Universal da Filadélfia, realizada em 1876, para comemorar o centenário da assinatura da Declaração de Independência dos Estados Unidos, turbinou a difusão do bife de Hamburgo. Um restaurante alemão montado no evento, com capacidade para 1.200 pessoas, serviu-o sem parar. "O salto (...) do prato para o sanduíche foi (consequência) simples", disse Smith.

Obviamente, o sucesso foi ajudado pela industrialização dos Estados Unidos. Havia necessidade de comida rápida e substanciosa para alimentar a legião crescente de trabalhadores. Na década de 1920, com o nome simplificado para Hambúrguer, o ex-bife de Hamburgo teve uma fatia de queijo colocada sobre a carne, antes de ser acomodado no pão. Assim nasceu o Cheeseburger, de êxito imediato.

Uma segunda versão sobre a origem do Hambúrguer, evidentemente menos provável, sustenta que o símbolo mundial do fast-food descende do Bitok, típico da Rússia czarista, um disco de carne moída, enfarinhado, frito na manteiga e servido no prato. Seus defensores sustentam que a receita desembarcou em Nova York com os judeus russos instalados nos Estados Unidos em fins do século XIX.

Adotada pelos snack bars, a especialidade teria sofrido modificações e acabou batizada de Hamburger steak, ou seja, bife de Hamburgo. A designação seria referência à Hamburg-Amerika Linie, uma das companhias de navegação que transportaram os judeus russos.

No início, realmente os americanos comiam o Hambúrguer da mesma forma que o Bitok: apenas no prato, acompanhado de cebola. Depois, acrescentaram a batata. Somente entre as décadas de 1910 e 1920 o alimento transformou-se em autêntico sanduíche. Debutou assim nos estádios de beisebol, como alternativa para o rival Cachorro-Quente.

Colocado entre duas fatias de pão, o Hambúrguer incorporou os complementos atuais: mostarda, ketchup, pepino em conserva, cebola crua, de preferência roxa, alface e tomate (no Brasil, muitos usam maionese). Então, apareceram as derivações. Quando fatias de queijo são colocadas sobre a carne, vira o já mencionado Cheeseburger; se levar queijo e bacon, é Cheesebacon; caso leve um ovo estrelado, chama-se Eggburger.

Há dois níveis de Hambúrguer, atualmente. O tradicional é explorado pela gigante norte-americana McDonald's, maior cadeia do ramo no mundo. Fundada em 1940 em San Bernardino, na Califórnia, como um restaurante barbecue, reorganizada como fast-food em 1948, usando princípios de produção industrial, serve diariamente 69 milhões de pessoas em cerca de 100 países.

O outro nível ganhou o status gourmet. Utiliza ingredientes selecionados, inova no tipo de carne, no molho e às vezes no pão, e mostra-se mais suscetível à atualização gastronômica. Nesse patamar, enquadra-se a rede brasileira Madero, campeã nacional de vendas, por exemplo. Só o seu Cheeseburger, servido em pão tipo francês, foi saboreado mensalmente por 75% da clientela, em 2017, portanto mais de 1,1 milhão de pessoas pediram-no.

Fundado em Curitiba, no Paraná, em 2005, o Madero (fala-se no masculino) encerrou o ano de 2017 com 110 restaurantes em 62 cidades brasileiras, de treze estados, além de uma filial em Miami, nos Estados Unidos, consolidando-se como a maior cadeia nacional de casual dining.

A primeira hamburgueria gourmet no Brasil teria sido The Fifties, inaugurada em 1992, no bairro do Itaim Bibi, em São Paulo. Tornou-se conhecida pelas carnes inovadoras na época. Além dos cortes bovinos, frango, peru ou calabresa.

A carne para moldar o Hambúrguer é sempre crua – de preferência fraldinha, patinho, contrafilé, maminha e picanha – e completamente sem nervos. Alguns a deixam com uma granulação maior; outros a passam na máquina de moer, a fim de obter uma textura mais pastosa. Aconselha-se uma porcentagem de gordura em torno de 15%. Acima disso, pode ser demais. Também existem hambúrgueres feitos com outros ingredientes. Há quem use salmão, lentilhas etc.

O peso é documento. Considera-se pequeno um Hambúrguer de 60 gramas, padrão no fast-food. O peso ideal vai de 120 a 180 gramas. Os norte-americanos são loucos por primados. Assim, em 2012, prepararam um Hambúrguer gigante em Carlton, no estado de Minnesota, que media três metros de diâmetro e pesava 914 quilos. O "bolão" de carne foi reconhecido como o maior do mundo pelo *Guinness*, o livro dos recordes.

Como comer um Hambúrguer "normal"? Os americanos nos ensinaram a colocá-lo dentro do pão e usar as mãos. Consagraram-no internacionalmente desse modo. Mas há quem o saboreie no prato, com o pão ao lado, usando garfo e faca, como no passado.

Mesmo tendo virado sinônimo de comida de pessoas apressadas, sem tempo para prestar atenção no que ingerem, o Hambúrguer é um grande produto. Feito com ingredientes de qualidade, grelhado ou frito e servido com acompanhamentos adequados, transforma-se em alimento apetitoso e nutritivo.

Segundo estimativa do Codex, o fórum internacional ligado à Organização das Nações Unidas para Agricultura e Alimentação (FAO) e Organização Mundial da Saúde (OMS), o Hambúrguer será o prato mais difundido no mundo até o ano 2020, batendo a pizza. Quem viver, verá!

Lanchonete McDonald's em 1950, nos EUA – padronização e massificação do hambúrguer.

GEORGE/FLICKR/CREATIVE COMMONS LICENSE

CHEESEBURGER

RENDE 1 SANDUÍCHE

INGREDIENTES

HAMBÚRGUER

- 75 g de fraldinha moída uma vez
- 75 g de contrafilé moído uma vez
- 30 g de gordura de picanha moída duas vezes

FINALIZAÇÃO E MONTAGEM

- Sal e pimenta-do-reino moída na hora a gosto
- 2 fatias de queijo cheddar
- 1 pão crocante e redondo (tipo francês)
- 2 colheres (sopa) de maionese
- 2 folhas de alface americana
- 2 fatias de tomate com casca
- 2 fatias de cebola assada
- Batatas fritas para acompanhar

PREPARO

HAMBÚRGUER

1. Misture muito bem as carnes com a gordura da picanha e molde-as no formato de uma bola de 180 g. Jogue de uma mão para a outra, compactando bem, para obter uma liga que não se esfarele.

2. Abra em formato de hambúrguer e reserve para a finalização.

FINALIZAÇÃO E MONTAGEM

3. Tempere o Hambúrguer com sal, pimenta-do-reino e asse-o na grelha da churrasqueira, em fogo forte, por 3 minutos de cada lado. Coloque as fatias de queijo cheddar em cima e derreta levemente.

4. Corte o pão ao meio, passe a maionese sobre uma das metades, disponha em cima a alface, o Hambúrguer (já com o queijo), o tomate e, por fim, a cebola assada.

5. Feche com a outra metade do pão e acompanhe com batatas fritas.

Receita de Junior Durski, chef e presidente da rede Madero

KATSU SANDO

Os japoneses acreditam que seu sanduíche nacional, o Katsu Sando – pão de fôrma, carne de porco à milanesa e complementos variados – tenha se originado entre as gueixas. Referimo-nos às mulheres que, educadas com esmero, versadas em canto, dança, música e poesia, oferecem à elite do país uma companhia delicada, culta e requintada, em festas e recepções. Vestem quimono elegante e usam maquiagem pesada, itens que variam conforme seu grau de experiência. Ao contrário de uma distorcida visão ocidental, nunca foram prostitutas.

Pois as gueixas não conseguiam sentar para comer o Tonkatsu, prato de carne ou costeleta de porco frita e empanada, servida em pequenos pedaços, geralmente com repolho liso, crespo ou roxo picado, ou sopa de missô (fermentado de arroz, cevada e soja). Ton significa porco; katsu quer dizer "milanesa"; "sando" é sanduíche em japonês.

Além de as gueixas não disporem de tempo para comer com o hashi (pauzinhos ou varetas usadas como talheres), o quimono apertado atrapalhava o movimento do corpo. Outro problema era a maquiagem: tinha que permanecer necessariamente intacta. Então, alguém teve a ideia de colocar a carne no pão, para absorver a gordura da preparação e o molho escorregadio, evitando que as gueixas sujassem as mãos e os rostos.

As gueixas alimentavam-se de sanduíche porque não dispunham de tempo para comer e precisavam manter a maquiagem intacta.

Ocorrida por influência ocidental, a invenção do Katsu Sando é reivindicada pelo Renga-Tei, fundado em 1895, em Ginza, bairro central de Tóquio, um veterano youshokuya – restaurante especializado em pratos estrangeiros introduzidos no país durante o Período Meiji (1868-1912) e que acabaram incorporados pela culinária nipônica.

Ao mesmo tempo, o restaurante Isen Honten, aberto em 1930 na cidade velha de Tóquio (Shitamachi, como a região é popularmente conhecida), perto do parque público de Ueno e especializado em Tonkatsu, quer a sua parte na difusão do sanduíche. Evidentemente ele surgiu por influência ocidental. Mas nem por isso deixa de ser um autêntico japonês.

A culinária youshoku popularizou-se entre os japoneses no final do século XIX, por meio de pratos franceses como a omelete, o turco-persa pilaf e o croquete, rebatizado de korokke e outros. Os pratos foram assimilados e compreensivelmente adaptadas ao paladar nipônico.

Não há uma receita inflexível para a preparação do Katsu Sando. Entretanto, as carnes preferidas são filé, lombo, barriga de porco, copa-lombo, oferecendo estas duas últimas a vantagem da marmorização. Quanto mais intenso o marmoreio, ou seja, os fios de gordura entremeados, maior a maciez e o sabor. Empana-se a carne na farinha panko. Eis um diferencial importante. Trata-se de uma farinha de rosca asiática, diferente da ocidental, por ser mais grossa, flocada e que confere à carne uma estaladiça camada crocante.

Já o pão é o shokupan, branco e de fôrma, com sabor quase neutro, macio e versátil. Pode ser levado à chapa, se o consumidor quiser, mas fica melhor sem tostar. *Shoku* quer dizer "refeição"; e *pan*, "pão". Quanto ao molho colocado sobre a carne à milanesa e o repolho em tirinhas, costuma ser o do Tonkatsu (alho, gengibre e molho inglês, de soja e cereal torrado, denominado shoyu). Pode-se optar por mostarda, maionese, um preparado agridoce ou todos esses componentes harmonizados.

O Katsu Sando obteve tanto sucesso que o Japão já começou a exportá-lo. Os turistas ocidentais voltam aos seus países encantados com a sua beleza e sabor. Nada demais. Os japoneses são craques em estética gastronômica. Em Tóquio, o sanduíche costuma ser encontrado nas lanchonetes, ruas, estações de trem e do metrô, nos aeroportos etc.

Itadakimasu! Assim se cumprimentam os japoneses antes das refeições. A saudação envolve todos os responsáveis pelo seu preparo, sejam cozinheiros ou agricultores. Itadakimasu significa "receber" e não tem nada a ver com os nossos votos de bom apetite. Mas carrega um sentimento profundo de gratidão pela comida. Itadakimasu, novamente!

KATSU SANDO

RENDE 1 SANDUÍCHE

INGREDIENTES

TONKATSU

- 1 fatia de aproximadamente 140 g de filé mignon suíno
- Sal e pimenta-do-reino moída na hora a gosto
- 1 ovo
- 1/2 xícara (chá) de leite
- Farinha de trigo para empanar
- 1 pacote pequeno de farinha panko
- Óleo abundante para fritar

MOLHO KARASHI

- 1 colher (chá) de mostarda em pó
- 1/2 xícara (chá) de maionese

FINALIZAÇÃO

- 2 fatias de pão de fôrma oriental (sem casca)
- 1/2 xícara (chá) de repolho roxo fatiado bem fino e temperado com vinagre de arroz

PREPARO

TONKATSU

1. Tempere a fatia de filé com sal e pimenta-do-reino.

2. Bata o ovo com o leite, misturando bem os ingredientes. Reserve.

3. Passe o filé na farinha de trigo, depois na mistura de ovo com leite e, por fim, na farinha panko.

4. Frite em óleo quente e abundante. Deixe descansar sobre uma grade ou em papel toalha.

MOLHO KARASHI

5. Bata a maionese com a mostarda em pó, até obter um composto homogêneo. Reserve na geladeira.

FINALIZAÇÃO

6. Passe o molho Karashi em um dos lados da fatia de pão e, em cima, monte o Tonkatsu de filé mignon empanado.

7. Espalhe o repolho roxo fatiado sobre o Tonkatsu e feche com a outra fatia de pão de fôrma.

8. Corte o sanduíche ao meio em formato retangular e sirva.

Receita do chef Jun Sakamoto, de São Paulo, SP

DELMONICO'S.

BEAVER AND WILLIAM STREETS, OPPOSITE THE COTTON EXCHANGE.

REPRODUÇÃO / WIKIMEDIA COMMONS/KING'S HANDBOOK OF NEW YORK CITY, BRITISH LIBRARY, 1893.

OVOS BENEDICT

Atribui-se a invenção dos Ovos Benedict ao Delmonico's, de Nova York, primeiro grande restaurante dos Estados Unidos, que abriu em 1827 e por três anos funcionou como confeitaria. Nunca teve um concorrente com o mesmo glamour no seu país. Fechou mais de um século depois, após introduzir nos Estados Unidos o luxo e o conforto do salão, o menu à la carte (em oposição à table d'hôte, com suas comidas fixas) e o cardápio de vinhos separado. Também ensinou a aristocracia local e forasteira em visita à cidade a comer berinjela, endívia e muitas outras novidades.

Fundado pelos irmãos John e Peter Delmonico, naturais de Ticino, cantão no sul da Suíça, cuja língua oficial é o italiano, o Delmonico's virou restaurante em 1830, com uma cozinha de influência francesa. Em 1862, contratou Charles Ranhofer (1836-1899), um chef nascido perto de Paris e considerado um dos melhores cozinheiros da época. Publicou o livro *The Epicurean* (1894), enciclopédia de mais de mil páginas, equivalente à obra *Le Guide Culinaire* do seu patrício Auguste Escoffier (1846-1935). Permaneceu na cozinha do Delmonico's de 1862 a 1876 e de 1879 a 1896.

Saborearam sua comida imperdível os presidentes Abraham Lincoln e Theodore Roosevelt, os milionários William Waldorf Astor e Cornelius Vanderbilt, e os escritores Charles Dickens, Oscar Wilde e Mark Twain, que escolheu o restaurante para festejar seu aniversário de 70 anos. Até Napoleão III esteve no Delmonico's, com um séquito, antes de ser coroado imperador da França.

O Delmonico's de Nova York: em sua cozinha foram criadas receitas antológicas, uma delas os Ovos Benedict.

Sob a batuta do chef Ranhofer, foram criadas no restaurante nova-iorquino receitas antológicas, sendo uma delas os Ovos Benedict. As demais seriam os Camarões (inicialmente Lagosta) Newburg (em molho cremoso), as Batatas Delmonico (cortadas em cubos, temperadas, cozidas no leite, polvilhadas com pão ralado e douradas no forno), o Delmonico Steak (alguns o descrevem como uma versão menor do T-bone; outros dizem ser um bife desossado), o Chicken à la King (cortes desossados de frango em molho à la creme e ninhos de massa folhada) e a sobremesa Sierra Nevada (biscoito com sorvete e merengue dourado no forno).

Os Ovos Benedict teriam surgido por volta de 1890, a pedido de um sujeito de caráter enjoado, corretor da bolsa nova-iorquina de sobrenome homônimo. Chamava-se Le Grand Lockwood Benedict e foi almoçar no Delmonico's com sua mulher Sarah. Cansado do menu do restaurante, ele teria indagado ao maître: "Você não tem nada de diferente para nos sugerir?" O maître foi à cozinha e trouxe os Ovos Benedict.

Outros dizem ter sido Sarah quem tomou a iniciativa, solicitando algo que levasse pão, ovos poché, presunto e molho holandês. Uma terceira versão, hoje considerada improvável, sustenta que os Ovos Benedict foram criados no Hotel Waldorf, em 1894. Um cliente chamado Lemuel Benedict o teria recebido na mesa depois de encomendar ao chef "um remédio para curar a ressaca". Assim explicaria o motivo de o prato ser pedido no mundo inteiro pelas pessoas que avançam o sinal vermelho no copo.

Os Ovos Benedict continuam a desfrutar de altíssimo prestígio nos Estados Unidos. Tanto que 16 de abril foi declarado o "National Eggs Benedict Day". A receita original é a preferida. Mas há inúmeras variações. Vão dos Ovos à Florentina (com espinafre no lugar do presunto) aos Ovos à Provençal (troca o molho holandês pelo béarnaise), passando pelos Ovos Blackstone (substitui o presunto por bacon e acrescenta uma fatia de tomate) e os Ovos Hemingway ou Australianos (salmão no lugar do presunto). Nenhuma dessas modalidades, porém, tira a autenticidade de uma receita antiga que o mundo todo aprecia.

Oscar Wilde, o escritor, poeta e dramaturgo britânico, frequentava o Delmonico's. Junto com presidentes norte-americanos, nobres europeus e milionários do mundo.

REPRODUÇÃO/NAPOLEON SARONY

OVOS BENEDICT

RENDE 4 SANDUÍCHES

INGREDIENTES

MOLHO

- 4 gemas de ovos
- 15 ml de licor amaretto
- 10 ml de vinho branco
- Sal e pimenta-do-reino a gosto

FINALIZAÇÃO

- 4 fatias de brioche (ou pão de fôrma) cortadas com um aro
- 4 fatias de queijo gruyère cortadas na mesma medida do brioche
- 4 fatias de presunto cozido cortadas na mesma medida do queijo
- 1 1/2 l de água
- 10 ml de vinagre
- 4 ovos
- Folhas de espinafre para a decoração

PREPARO

MOLHO

1. Com um batedor de arame, bata as gemas em banho-maria com o licor, o vinho, o sal e a pimenta-do-reino, até obter uma espuma.

FINALIZAÇÃO

2. Toste as fatias de brioche e coloque-as nos pratos.

3. Em uma salamandra ou chapa, aqueça o queijo com o presunto e disponha-os sobre os brioches.

4. Em uma panela, leve a água ao fogo. Quando ferver, junte o vinagre.

5. Diminua a chama e abra os ovos, um por vez, colocando-os cuidadosamente na água. Ferva por três minutos, até que a clara fique cozida, e a gema, ainda mole.

6. Retire-os com uma escumadeira e distribua-os nos pratos, sobre o queijo com presunto. Polvilhe com sal e pimenta-do-reino.

7. Junte o molho, decore com as folhas de espinafre e sirva imediatamente.

Receita do chef José Barattino, de São Paulo, SP

PREGO

Prego é, no Brasil, uma haste de metal pontiaguda, com uma cabeça em um dos lados. Serve para segurar ou fixar algo em madeira ou material similar. Ainda designa uma casa de penhor, uma mentira, uma bebedeira e um cansaço. Na Itália, trata-se de uma interjeição e significa "de nada, não tem de quê, ora essa, faça o favor, por favor". Já em Portugal, também batiza um sanduíche. A ilustre escritora gastronômica lusitana Maria de Lourdes Modesto, na *Grande Enciclopédia da Cozinha* (1960), explica assim a designação cunhada no seu país: "Nome que se dá a um bife de vaca ou de vitelo cozinhado na chapa do fogão e metido num pão".

Prato típico da culinária portuguesa, assimilado por Angola e Moçambique, a especialidade desembarcou no Brasil. Pode ser encontrada em restaurantes portugueses, como no Rancho Português, de São Paulo, e tornou-se uma das atrações da Padaria da Esquina, de Vítor Sobral. Comporta variações. O Rancho Português oferece opções do sanduíche com leitão e bacalhau.

Uma possibilidade sobre o nome do Prego é que veio do fato de muita gente batê-lo com o martelo de carne, para amaciá-lo, antes de levá-lo ao fogo. Contribuiu igualmente para a designação o bom humor popular. Em Portugal, dizia-se antigamente que a carne bovina à venda nos talhos (açougues) era batida com o martelo "por ser tão dura quanto prego". Não se sabe, porém, quando e em que lugar o sanduíche foi inventado. Mas a Freguesia de Rio Mouro, perto de Lisboa, onde o tradicional restaurante O Arco-Íris faz Pregos de fama nacional, reivindica sua autoria. Em Lisboa, o melhor é preparado diante do freguês na barra (bar) do Restaurante Gambrinus, da Rua das Portas de Santo Antão, no Rossio. Parte da clientela o saboreia acompanhado de cerveja preta. Há cadeias especializadas em Prego e restaurantes simpáticos que o oferecem, mas nenhum supera o do Gambrinus.

O escritor gastronômico português Virgílio Nogueiro Gomes, autor de *Tratado do Petisco* (2013), acredita que o sanduíche surgiu no século XX, com a multiplicação das refeições fora de casa. "Era hábito nas feiras tradicionais comer-se carne grelhada sobre pão", diz ele. "Usava-se o de farinhas misturadas e não o francês, muito frágil para receber a carne". Hoje, o pão favorito é o papo-seco, de formato oval, com um vinco no centro "e um mamilo de cada lado", conforme descrevem os portugueses.

O nome se explica: "papo" porque se parece com o esôfago e pescoço do pombo quando cheio de comida, "seco" pelo fato de ter crosta crocante. Também pode ser utilizado o pão "carcaça" ou "casco vazio". Assemelha-se ao papo-seco, mas sem os "mamilos". Outra opção: pão de bola, cujo nome diz tudo.

O Prego pode ser feito na chapa de ferro do fogão ou em uma de aço inoxidável; ou na frigideira pelando de quente, com um pouco de manteiga. Prefere-se quase sempre peito de boi, que os portugueses conhecem também por bife de flanco. O Gambrinus o prepara de lombo (filé mignon). Servem-no com mostarda e molho picante. Feito na frigideira, aproveita-se o suco do cozimento, no qual se coloca um pouco de mostarda. Resulta um molho delicioso. Às vezes acompanha uma fatia de presunto cru, obviamente opcional, que muitos consideram dispensável. Quando servido no prato, no caso com uma cama de batatas fritas em rodelas e acompanhado de ovo frito, muda o nome: vira Bitoque. Antes de ir ao fogo, o bife é temperado com louro, sal, uma pitada de pimenta e, eventualmente, alho.

O Prego começou a ter variações em meados da década de 1980, quando a doença da vaca louca ou BSE (encefalopatia espongiforme bovina), transmissível ao homem, apavorou a Europa. Um numeroso contingente de pessoas parou de comer carne bovina, mesmo a fiscalizada pelas autoridades sanitárias. Então, surgiu o Prego de porco; a seguir, apareceram os demais. Superado o risco da vaca louca, o sanduíche de bife de boi voltou a ser predominante, por tratar-se do melhor de todos. Afinal, segundo o provérbio, "o original é bom por não ser imitação". E dá-lhe que te dê-lhe Prego!

PREGO

RENDE 1 SANDUÍCHE

INGREDIENTES

- 1 bife fino de carne bovina (geralmente é usado peito de boi)
- Sal a gosto
- 1 colher (sopa) rasa de manteiga
- 1 pão rústico individual
- Mostarda a gosto
- Molho de pimenta a gosto

PREPARO

1. Bata o bife com um batedor para amaciar bem a carne.

2. Tempere com sal e passe-o rapidamente na chapa, dos dois lados, com a manteiga aquecida. Deve ficar ao ponto.

3. Sirva o bife no pão, com mostarda e molho de pimenta.

Receita do chef Luis Espadana, de São Paulo, SP

WIKIMEDIA COMMONS / NATIONAL MEDIA MUSEUM / DAILY HERALD ARCHIVE

REUBEN

Tão representativo da comida rápida de Nova York quanto os seus arranha-céus, este é mais um sanduíche de origem contraditória. Há diferentes versões em torno da sua criação. A mais repetida garante que foi preparado pela primeira vez em 1914, para alimentar uma jovem atriz chamada Annette Seelos ou Anna Selos, que trabalhava em um filme de Charlie Chaplin. "Prepare um sanduíche bem grande para mim", teria pedido a moça a Arnold Reuben, judeu alemão dono do histórico Reuben's Restaurant and Delicatessen, de Nova York, aberto em 1908. "Estou com tanta fome que poderia comer um tijolo".

O homem voltou com duas enormes fatias de pão de centeio, levando no recheio várias lâminas de presunto, peru, queijo derretido e salada de repolho com molho russo (manteiga, maçã ácida, vinho branco, iogurte, creme de leite e amido de milho). Havia sido grelhado na chapa. Entretanto sabe-se pouquíssimo da atriz, e o nome dela, em ambas as formas, não figura em nenhum filme de Chaplin. Talvez se explique a dificuldade. Só em 1914, o genial ator, diretor, produtor, humorista, empresário, escritor, comediante, dançarino, roteirista e músico britânico fez 35 fitas na Keystone Studios, situada em Los Angeles, na Califórnia. Por isso, identificar seus elencos completos seria tarefa difícil.

Charlie Chaplin jovem, em 1916. O Reuben teria sido preparado pela primeira vez para uma atriz que trabalhava com ele na época, sobre a qual se sabe muito pouco.

Uma variação da história muda o nome da atriz para Marjorie Rambeau (1889-1970), que comprovadamente existiu e atuou em filmes do cinema mudo e falado. O sanduíche teria sido "improvisado" para ela quando visitou o Reuben's Restaurant and Delicatessen, na primeira metade do século XX, um local elegante, decorado com mármore italiano, teto de folha de ouro e cadeiras com assentos de couro. Era um final de expediente e os suprimentos do dia estavam quase esgotados.

A terceira versão credita a invenção ao judeu lituano Reuben Kulakofsky (1873-1960), dono de uma mercearia em Omaha, no Nebraska. Garante que o preparou para os jogadores semanais de pôquer no Blackstone Hotel, que durou de 1920 a 1935. O proprietário do estabelecimento gostou tanto do sanduíche que o colocou no cardápio. A novidade tornou-se efetivamente famosa nos Estados Unidos quando um ex-funcionário do hotel venceu um concurso nacional com a receita. Em Omaha, 14 de março é considerado o Reuben Sandwich Day.

Em Nova York, o sanduíche às vezes recebe o recheio de corned-beef – carne bovina primeiro tratada em salmoura e depois fervida no vinagre, em forno lento, geralmente comercializada enlatada. Mas a maioria dos seus fãs prefere o de pastrami – carne bovina magra, temperada e curada, originária dos Balcãs, muito popular nos Estados Unidos, inclusive entre a comunidade hebraica, que evita comer porco por razões religiosas. É estranho, portanto, que o Reuben da primeira história, sendo judeu, tenha montado sua criação com presunto, um produto suíno, para oferecê-la à provável atriz de Chaplin.

Outra hipótese para a invenção do Reuben é o sanduíche ter sido preparado para Marjorie Rambeau, com os poucos suprimentos do dia que haviam sobrado no restaurante.

REPRODUÇÃO / WIKIMEDIA COMMONS / HARTSOOK STUDIO, SAN FRANCISCO E LOS ANGELES

REUBEN

RENDE 4 SANDUÍCHES

INGREDIENTES

MOLHO

- 150 g de maionese de boa qualidade
- 2 colheres (sopa) de iogurte natural
- 2 colheres (sopa) de cebola bem picada
- 1 colher (sopa) de pepino em conserva bem picado
- 2 colheres (sopa) de salsinha picada
- 1 colher (sopa) de suco de limão
- 50 ml de molho de pimenta
- 1/2 colher (chá) de molho de raiz-forte
- Molho inglês a gosto

MONTAGEM

- 8 fatias de pão rústico ou de centeio
- 2 colheres (sopa) de manteiga
- 8 fatias de queijo Ogleshield (queijo próprio para derreter)
- 12 fatias finas de pastrami
- 100 g de repolho cortado em tirinhas

PREPARO

MOLHO

1. Em uma tigela, misture bem todos os ingredientes do molho. Reserve para a montagem.

MONTAGEM

2. Passe uma leve camada de manteiga em apenas um lado das fatias de pão. Vire e espalhe o molho do outro lado.

3. Coloque uma fatia de queijo em cada fatia de pão, sobre o molho. Cubra cada uma delas com três fatias de pastrami, distribua o repolho e, em cima, finalize com as outras fatias de queijo.

4. Feche os quatro sanduíches, dispondo as fatias com o lado da manteiga virado para fora.

5. Grelhe os sanduíches na chapa, até que os dois lados fiquem dourados, e o queijo, derretido.

Receita do chef Filipe Fernandes, de São Paulo, SP

TRAMEZZINO

Como quase todos os povos do mundo, os italianos adotaram o sanduíche; porém, se recusaram a incorporar seu nome inglês. Deram-lhe novas designações. A mais significativa é Tramezzino. Trata-se de um pão de fôrma branco, sem crosta e cortado transversalmente, ou seja, em triângulo. O nome é diminutivo de *tramezzo*, "entremeio, intermédio". *Tramezzato* significa "dividido"; *tramezzare*, "interromper, cortar". A receita típica o recomenda frio, apesar de existir uma versão quente. O Tramezzino pode levar presunto, queijo, tomate, verdura como espinafre, abobrinha, muçarela de búfala, ovo, atum ou salmão etc. Os outros nomes dados pelos italianos ao seu sanduíche são panino, feito com pães de diversos formatos e recheios variados; e toast, que corresponde ao misto-quente brasileiro, com presunto e queijo.

Quem batizou o Tramezzino foi Gabriele D'Annunzio (1863-1938), poeta, dramaturgo italiano, político, herói de guerra e patriota nascido em Abruzzo. Contudo, o sanduíche surgiu em 1925, no pequeno e aconchegante Caffè Mulassano, que ainda hoje funciona na Piazza Castello, 15, no centro de Turim, capital e maior cidade da região do Piemonte. E quem criou o Tramezzino? O casal Angela e Onorino Nebiolo. Conta-se que ela se encantou com os sanduíches de Detroit, nos Estados Unidos, onde o marido e os cunhados administraram restaurantes e locais noturnos.

Gabriele D'Annunzio, o grande intelectual e patriota italiano, rebatizou o sanduíche de Tramezzino para não usar o nome inglês.

Regressando à Itália em 1925, os Nebiolo compraram no mesmo ano o Caffè Mulassano, aberto como enoteca no século XIX. Transformaram-no em café e bar, introduzindo a novidade norte-americana, depois de adaptá-la ao gosto da clientela de Turim, apreciadora dos *stuzzichini* (aperitivos) depois do trabalho, para acompanhar drinques alcoólicos ou não. É importante considerar ter sido naquela cidade, no século XIX, que o vermute ganhou a personalidade pela qual é conhecido até hoje.

Os Nebiolo levaram dos Estados Unidos uma torradeira profissional, com a qual começaram a fazer toast. Mas logo acharam melhor usar ao natural o excelente pão de que dispunham, ou seja, sem tostar, aplicando-lhe um recheio especial. Bingo! Em 1938 venderam o local e decidiram abrir cinemas, mas a Segunda Guerra Mundial atrapalhou o projeto. Na década de 1970, Antonio Chessa, que comprou o Caffè Mulassano, restaurou-o cuidadosamente, devolvendo-lhe o antigo esplendor.

Um dos seus descendentes e um sócio controlam a casa até hoje. A clientela que frequenta o Caffè Mulassano continua encantada com seus móveis antigos, os espelhos, as paredes de madeira trabalhada, o imponente balcão de mármore, os detalhes em bronze e as variações de Tramezzino oferecidas ali. O sanduíche italiano faz sucesso desde 1925. Espalhou-se pelo seu país natal como delicioso finger food de todas as horas, sobretudo no lanche.

No Caffè Mulassano, pode levar ovo, maionese e aliche ou acciughe, salmão defumado com raspas ou gotas de limão e uma folha de verdura, e vitello tonnato, clássico antepasto da culinária regional; e vários outros ingredientes. Mais italiano, impossível.

O pequeno e aconchegante Caffè Mulassano, no cento de Turim, até hoje prepara o Tramezzino inventado ali.

REPRODUÇÃO / ACERVO CAFFÈ MULASSANO/DIVULGAÇÃO

TRAMEZZINO

RENDE 4 SANDUÍCHES

INGREDIENTES

- 2 ovos
- 6 fatias de pão de fôrma sem casca
- 100 g de maionese
- 8 filés de anchova
- Algumas folhas frescas de alface

PREPARO

1. Coloque os ovos em um recipiente com água e leve-os ao fogo. Espere a água ferver e conte quinze minutos. Deixe esfriar, retire e descasque os ovos.

2. Depois de bem frios, fatie os ovos no sentido longitudinal, usando uma faca afiada ou um cortador apropriado.

3. Para a montagem, disponha duas fatias de pão sobre uma tábua de corte e, com uma espátula, espalhe uniformemente uma camada de maionese sobre as fatias.

4. Acomode as oito anchovas em cima da maionese, dividindo-as entre as duas fatias de pão.

5. Coloque mais duas fatias de pão, repita a operação da maionese e, desta vez, disponha as fatias de ovo sobre ela.

6. Incorpore algumas folhas de alface fresca e feche com as duas últimas fatias de pão.

7. Corte os sanduíches transversalmente, de um canto ao outro, obtendo assim quatro típicos Tramezzini em formato de triângulo.

Receita do chef Marco Renzetti, de São Paulo, SP